Tristan Garcia

Marc-Antoine Mathieu

Sonia Feertchak

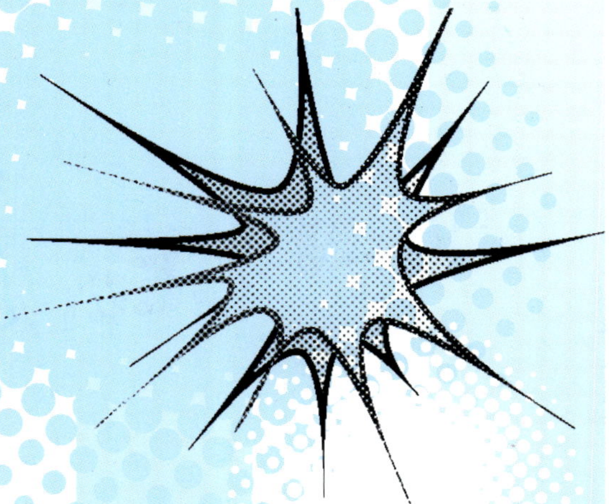

Frédéric Worms

Roland Jaccard
Jaccard
Jaccard

Serge Tisseron

Benoît Peeters

Jul

Didier Pasamonik

Charles Berberian

Pascal Ory

Lewis Trondheim

Martin Winckler

SPECIAL BANDE DESSINEE

LA VIE A-T-ELLE UN SENS ?

Couverture : © Marsuprod. 2013 *by* Franquin - *www.gastonlagaffe.com*
4e de couverture : © Tabary/Goscinny - Dargaud 2013

Album adapté du numéro hors-série de *Philosophie magazine*: *Bande dessinée - La vie a-t-elle un sens?*
Rédacteur en chef: Sven Ortoli

Conception visuelle et direction artistique: Jean-Patrice Wattinne/L'Éclaireur

Ont aussi participé à cet album: Daniel Adjerad, Julian Baggini, Pascal Bruckner, Paul Clavier, Florencia Di Rocco, Élie During, Noël Foiry, Sonia Feertchak, Tristan Garcia, Agnès Gayraud, Roland Jaccard, Alexandre Lacroix, Yvan Leclerc, Denis Moreau, Pascal Ory, Didier Pasamonik, Charlotte Pineau, Bernard Redureau, Serge Tisseron, Héloïse Tissot, Cécile Vazeille-Kay, Martin Winckler, Frédéric Worms

Crédits photographiques et illustrations: p. 4: Lewis Trondheim; Marc-Antoine Mathieu; 2006 Roza Kootstra; Dargaud; Casterman; Charles Berberian; p. 5: CP; p. 6-7: DR; p. 8: Marc-Antoine Mathieu; pp. 10-11: Lewis Trondheim pour *Philosophie magazine*; p. 12: Art Spiegelman; 2013, Flammarion pour la traduction française; p. 13: 2000, United Feature Syndicate, Inc. Tous droits réservés; p. 14: Snoopy: © 2012 Peanuts Worldwide LLC, Peanuts.com – Dargaud pour la traduction française; p. 15: DR; p. 16: Éditions des Busclats; Christophe; p. 18-20: Éditions Hors Collection; p. 20: Sang-Hyun Hong; p. 21: Éditions Hors Collection; p. 22: Bamberger/P.O.L; p. 24: Morris/Goscinny - Lucky Comics 2013; p. 25: DRFP/Odile Jacob; p. 26 : Superman et Wonder Woman™ & © 2013 DC Comics. All Rights Reserved. Urban Comics pour l'édition française; p. 27: Melikian; p. 28: Marvel -www.marvel.com; p. 29: © Steve Ditko, 1972; DR; p. 30-31: Morris - Lucky Comics 2013; p. 31: DR; Tabary/Goscinny - Dargaud 2013; p. 33: Philippe Matsas/Flammarion; p. 34: www.asterix.com © 2013 Les Éditions Albert-René/Goscinny-Uderzo; p. 36: Bernard Kriegstein; p. 37: Keiji Nakazawa/Vertige Graphic, 2003; Co-mix Poster - Self-portrait with Maus Mask ©Art Spiegelman, 1989; p. 38: © 1995, by Ivan Brunetti; Éditions Cambourakis, 2009, pour la traduction française; pp. 40-46: Akiléos Éditions; p. 48: DR; p. 49: © 2012, Posy Simmonds et Éditions Denoël; p. 50: « A Day at the Surgery » © Ian Williams (alias Thom Ferrier), www.thomferrier.com; p. 51: Ian Williams; pp. 52: Jul pour *Philosophie magazine*; p. 54: Marsuprod. 2013 by Franquin - www.gastonlagaffe.com; p. 55: Éditions La Découverte; pp. 56-58: Marsuprod. 2013 by Franquin - www.gastonlagaffe.com; p. 58: PUF; p. 59: *Buddha* © 2013, Tezuka Productions/*La Vie de Bouddha* d'Osamu Tezuka, aux Éditions Tonkam; pp. 61-64: *Hi No Tori* © 2013 by Tezuka Productions/*Phénix l'oiseau de feu* d'Osamu Tezuka, aux Éditions Tonkam; p. 65: *Buddha* © 2013, Tezuka Productions/*La Vie de Bouddha* d'Osamu Tezuka, aux Éditions Tonkam; pp. 68-69: Aurélia Aurita pour *Philosophie magazine*; p. 69-70: Jake Raynal et Claire Bouilhac/Cornélius; p. 71: Cyril Druesne; p. 72: Guido Crepax, La Forza de Gravità, 1967, encre de Chine et grattage sur carte, 37x51 cm, courtesy Gilles Peyroulet & Cie, Paris; p. 73: PUF; p. 74: Les Humanoïdes associés S.A.S., Paris; p. 75: DR; p. 76: Manuel Braun pour *Philosophie magazine*; Sans Titre (Serena Williams), 2002, 35,5x28 cm, publié dans *Art & Beauty Magazine* (Fantagraphics Books), n°2, 2003. Photo: courtesy Paul Morris and David Zwirner, New York © Robert Crumb; p. 77: Crumb presents R. Crumb, 1973, publié dans *Zap Comix* (Apex Novelties), n° 7, 1974, 31,7x20,3 cm, Collection Eric Sack, Pennsylvanie © Robert Crumb; p. 78: *L'Amazone aux tresses,* 2007 - 201, toner et aquarelle sur papier. Collection Paul Morris et Sam Grubman, New York © Robert Crumb; Manuel Braun pour *Philosophie magazine*; p. 79: Planche Crumb © Crumb & Cornélius, 2013; p. 80: *Idées noires* © Franquin/*Fluide Glacial*; p. 81: extrait d'*Idées noires* © Franquin/*Fluide Glacial*; p. 82: DR; pp. 84-89: Marc-Antoine Mathieu pour *Philosophie magazine*; pp. 90 et 93: *Jimmy Corrigan* © 2001 Guy Delcourt Productions pour l'édition en langue française. / © reproduced by permission of The Marsh Agency Ltd on behalf of Chris Ware; p. 94: Flammarion; pp. 95-96 et 98: © 2006-2009, Guy Delcourt Productions pour l'édition en langue française/Sunday Press Books; p. 97: enfinbref/Éditions Grasset; DR; pp. 100 à 106: Philippe Geluck/Casterman; pp. 107 à 112: Charles Berberian pour *Philosophie magazine*.

Ouvrage édité par Philo Éditions (www.philomag.com)

Dépot légal: 2e semestre 2013

Imprimé en France par Pollina - L65786
ISBN 978-2-9538130-1-2

SPECIAL BANDE DESSINEE

LA VIE A-T-ELLE UN SENS ?

philosophie MAGAZINE

LEWIS TRONDHEIM

Né en 1964, Lewis Trondheim, dès *Lapinot et les carottes de Patagonie* (1992), s'amuse à travailler sous des contraintes formelles ou techniques. En 2006, il reçoit le grand prix de la ville d'Angoulême. Il fera paraître en novembre *Richard et les quasars* (L'Association), où il interrogera l'inconscient des auteurs.

PAGES 10 ET 11

MARC-ANTOINE MATHIEU

Né en 1959, Marc-Antoine Mathieu, dessinateur et scénariste de bande dessinée, ne cesse, depuis *L'Origine* (Delcourt, 1991), d'expérimenter le médium bande dessinée. Il vient de signer *Le Décalage,* sixième tome des aventures de son héros, Julius-Corentin Acquefacques, prisonnier des rêves (Delcourt, 2013)

PAGES 8 ET 84 À 89

AURÉLIA AURITA

Née en 1980, Aurélia Aurita est l'auteur de *Fraise et Chocolat* (2007), récit érotique et intimiste d'une relation amoureuse. Elle a publié récemment *Vivi des Vosges* (Les Impressions nouvelles, 2011), variation originale sur le thème de l'enfant sauvage.

PAGES 68 ET 69

CONTRIBUTEURS

JUL

Né en 1974, Jul est le dessinateur attitré de *Philosophie magazine.* Ses bandes dessinées adoptent un regard ironique et décalé sur le monde. Dans *Silex and the city* (2009, adapté en dessin animé sur Arte), il met en scène une famille d'*Homo erectus.* Le quatrième tome, *Autorisation de découverte,* est à paraître en août, chez Dargaud.

PAGES 52 ET 53

PHILIPPE GELUCK

Né en 1954. Philippe Geluck est dessinateur et scénariste. Le Chat, son plus célèbre héros, entame sa carrière dans le quotidien belge Le Soir le 22 mars 1983. *La Bible selon le Chat,* le dix-huitième album de la série, est attendu pour le mois d'octobre (Casterman).

PAGES 100 À 106

CHARLES BERBERIAN

Né en 1959. Charles Berberian est dessinateur, scénariste et musicien. Il a publié plus de vingt-cinq albums avec Philippe Dupuy (*Le Journal d'Henriette, Monsieur Jean,* etc.). Avec son complice, il a d'ailleurs reçu le grand prix de la ville d'Angoulême en 2008. Il illustre depuis près de trois ans la page édito de *Philosophie magazine.*

PAGES 107 À 112

LE SENS DE LA VIE ? C'EST PAR ICI…

SVEN ORTOLI /

➔ Comme le fameux sparadrap du Capitaine Haddock, la question du sens de la vie n'est pas de celles dont on se débarrasse d'une pichenette. Beaucoup s'y sont essayés, de Camus aux Monty Python et de Leibniz à Woody Allen, mais aucun n'y est aussi bien parvenu que certains auteurs de bande dessinée. Qu'est-ce qui fait qu'un *comic strip* est capable, en trois mots et deux coups de crayon, d'exprimer pourquoi il y a quelque chose plutôt que rien, s'il faut mourir ou vivre et si vraiment tout cela a un (non) sens ? Quelle propriété singulière permet à un album inspiré de contracter et de dilater la vie de son héros avec l'entrain d'un accordéon dont les anches seraient excitées par le temps ? Pour tout dire,

en quoi la bande dessinée trace-t-elle ses propres chemins vers des questions que l'on pourrait croire réservées à la philosophie ? À vue d'œil, on devine aisément que le monde des rêves et des fantasmes trouve ici un instrument de choix pour cristalliser ses représentations. Ou que l'absurde et le *nonsense*, par la vertu des infinies métamorphoses que permet le dessin, offre une échelle de Jacob vers nos angoisses existentielles. Mais après tout, le roman et le cinéma, chacun dans leurs limites, peuvent sans peine y prétendre. Sauf que… regardez Charlie Brown, suggère le philosophe anglais Julian Baggini, il n'est pas le portrait réaliste d'un garçon américain et pourtant il représente n'importe lequel d'entre eux. C'est en abandonnant toute connotation réaliste, remarque-t-il, que le dessin parvient à ce degré d'abstraction qui permet de toucher à l'essence des êtres et fait de ce médium le meilleur moyen de faire de la philosophie. Démonstration dans ce numéro où de Calvin, dont Élie During montre comment il déforme le monde pour mieux l'explorer, à Gaston, inventeur selon le psychanalyste Serge Tisseron de machines désirantes avant la lettre, sans oublier les obsessions de Crumb et les éblouissantes narrations de Chris Ware, le lecteur devrait trouver de quoi affronter ses vagues à l'âme ontologiques… •

UNE BRÈVE HISTOIRE DE LA BANDE DESSINÉE

PAR DANIEL ADJERAD

PEINTURE

L'art japonais d'Hokusai fait surgir une ligne déliée (estampes, manga) qui influencera l'impressionnisme.

Manet, père de l'impressionnisme, peint la modernité ; non sans une certaine ironie (*Olympia*).

L'art nouveau propose des œuvres aux lignes fluides et courbes (par exemple, chez Mucha) dont *Little Nemo* s'inspire.

Le futurisme tente de peindre le mouvement et la vitesse de la vie moderne (Marinetti).

Dada provoque le monde de l'art en multipliant les saillies absurdes. *Krazy Kat* annonce cet esprit dans le *comic*).

BD

La ligne déliée et enfantine

> R. Töpffer et ses « histoires en estampes » : *Histoire de M. Jabot* (1833)

> W. Busch, *Max und Moritz* (1865)

> Christophe, *La Famille Fenouillard* (1893)

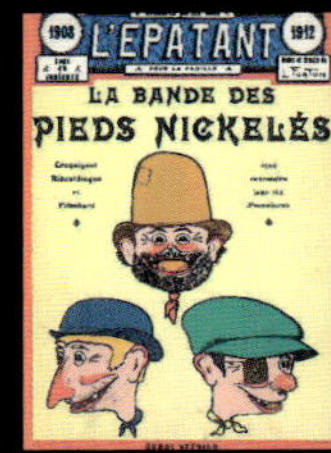

> L. Forton, *Les Pieds nickelés* (1908)

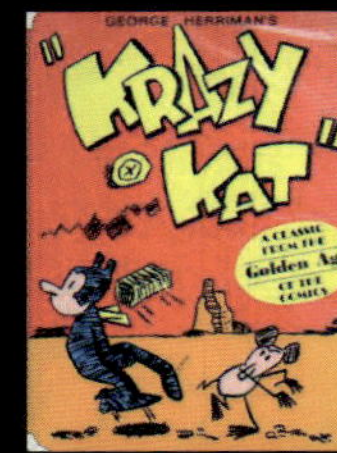

> G. Herriman, *Krazy Kat* (1913)

L'action

La sensation

L'histoire

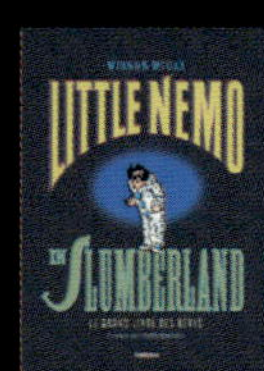

> W. McCay, *Little Nemo in Slumberland* (1905)

PHILOSOPHIE

BERGSON,
***Le Rire* (1900)**
La ligne vitale se tord dans tous les sens : le mécanique plaqué sur du vivant.

FREUD,
***L'Interprétation des rêves* (1900)**
Sur les rêves et sur l'association libre.

HUSSERL,
***Chose et Espace* (1907)**
De la perception du mouvement à partir du corps propre.

WITTGENSTEIN,
***Tractatus logico-philosophicus* (1921)**
Où comment le monde se retrouve analysé dans toutes ses formes logiques.

BENJAMIN,
***L'Œuvre d'art à l'époque de sa reproductibilité technique* (1935)**
Démultiplication des images et perte de leur aura.

Kandinsky théorise l'importance de la courbe et du point comme représentations de corps en mouvement et expressions de forces.

Peintre abstrait, Mondrian code les rapports et les mouvements entre des corps quelconques au moyen de formes géométriques (*Broadway Boogie-Woogie*)

Les explosions chaotiques du peintre Pollock dégoulinent et s'agitent en tous sens sur la toile.

Dans les dernières œuvres de Rothko, l'intensité lumineuse atteint son paroxysme. Avec le Pop Art, les *comics* envahissent la toile (Lichtenstein).

L'art conceptuel et les *happenings* : quand l'art devient expérience et événement.

L'art numérique explore le virtuel. Les jeux vidéo et l'esthétique des bandes dessinées d'action contemporaines se font écho.

> C. M. Schulz, *Peanuts* (1950)

> B. Watterson *Calvin et Hobbes* (1985)

> E.C. Segar, *Popeye* (1929)

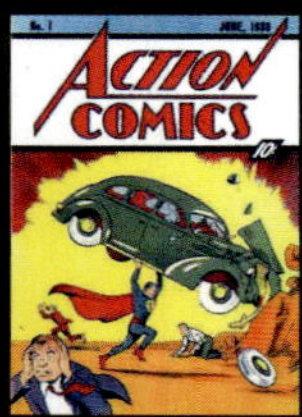

> J. Siegel et J. Shuster, *Superman* (1938)

> Morris, *Lucky Luke* (1946)

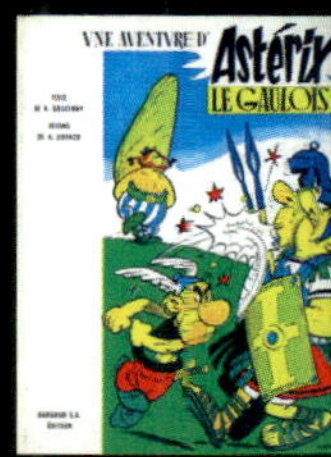

> R. Goscinny et A. Uderzo, *Astérix* (1959)

> L. Trondheim, *Lapinot et les carottes de Patagonie* (1992)

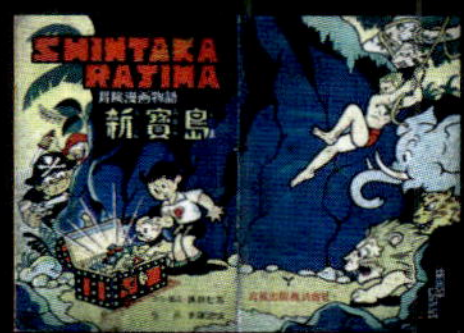

> O. Tezuka, *La Nouvelle Île au trésor* (1947)

> C. Gould, *Dick Tracy* (1931)

> B. Hogarth, *Tarzan* (1936)
> Bob Kane, *Batman* (1939)

> S. Lee et S. Ditko, *The Amazing Spiderman* (1962)

> A. Moore et D. Gibbons, *Watchmen* (1986)

> W. Gaines, E.C. Comics (1950)

> R. Crumb, *Zap Comix* (1968) / G. Crepax, *Valentina* (1965)

> Hergé, *Tintin* (1929)

> H. Pratt, *Corto Maltese, La Ballade de la mer salée* (1967)

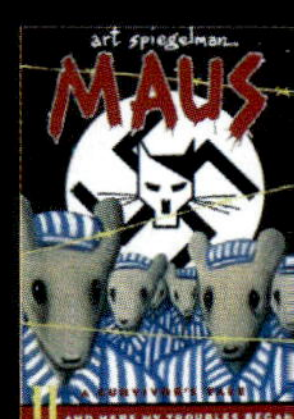

> A. Spiegelman, *Maus* (1981)
> W. Eisner, *Un Pacte avec Dieu* (1978)
> Moebius, *Arzach* (1976)

HEIDEGGER,
Origine de l'œuvre d'art
(1936)
Heidegger souligne l'importance de l'« énormité » comme critère esthétique dans son analyse du temple grec.

SARTRE,
L'Être et le Néant
(1945)
De l'angoisse d'être libre.

DELEUZE,
Guattari, *L'Anti-Œdipe*
(1972)
Le « pop' » fait une entrée fracassante en philosophie avec ce livre imagé sur le désir.

FOUCAULT,
Surveiller et Punir
(1975)
Une enquête historique qui laisse aussi place aux descriptions imagée (le supplice de Damiens).

LYOTARD,
La Condition postmoderne
(1979)
L'éclatement des métarécits de la modernité en une mutltiplicité de micro-récits.

TOUT CELA A-T-IL UN (NON) SENS ?

De Charlie Brown, héros postmoderne, le nihilisme en moins, à Calvin et Hobbes, dont les rapports avec leurs célèbres parrains (Jean et Thomas) restent à établir, en passant par le savant Cosinus, doté d'un père – Georges Colomb – qui a eu Proust parmi ses élèves, bien qu'on ne sache pas exactement quel enseignement l'un ou l'autre a tiré de cette occurrence, nous voici confrontés dans cette partie à la question du (non) sens de la vie. Pour être plus précis, du *nonsense,* à l'anglaise, c'est-à-dire d'une forme d'humour qui échappe à la définition, emprunte à l'absurde sans s'y laisser emprisonner, recourt aux inversions logiques sans en faire un système et, dans tous les cas, nous invite à sourire. De quoi donner un sens à la vie.

LE SENS DE LA VIE

PAR LEWIS TRONDHEIM

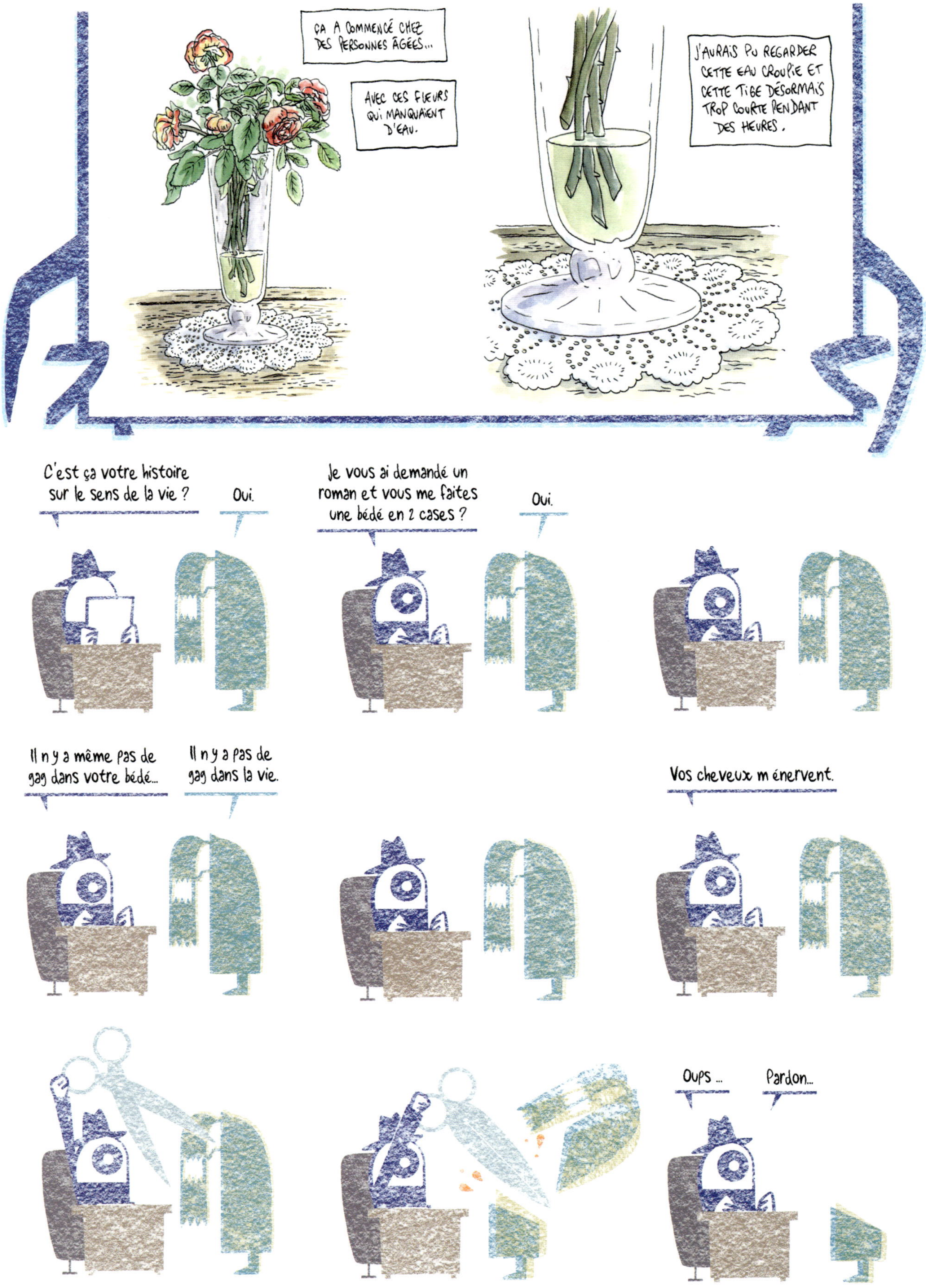

C'est ça, votre histoire sur le sens de la vie ?
Oui.
Mises en abime...
Différents points de vue...
Absurdité...
Beauté éphémère...
Vous savez, mes lecteurs ne lisent déjà pas Tintin.
Alors vos changements de style graphique et narratif...
Vous savez ?... A la fin de cette page, on sera mort.
Pardon ?
Une fiction...
Un rêve...
Une vie...
Ça commence... Ça finit...
Mais il y a toujours un voyage.
Attention... On ouvre ensemble.
À 3 on tire.
1...
2...

Schulz vu par Art Spiegelman

Les enfants de **Charles Schulz**

PAR UMBERTO ECO

Il y a un demi-siècle, Umberto Eco préfaçait le premier recueil italien de Charles M. Schulz et déclarait *urbi et orbi* son amour pour les *Peanuts* et sa reconnaissance envers le «poète de l'enfance». Extraits.

Ces enfants nous touchent de près parce qu'ils sont, en un certain sens des monstres : ils sont la monstrueuse réduction enfantine de toutes les névroses d'un citoyen moderne de la civilisation industrielle.

Ceux-ci nous touchent de près car nous comprenons que s'ils sont des monstres, c'est parce que nous, les adultes, les avons rendus ainsi. En eux, nous retrouvons tout : Freud, la massification, la culture absorbée par les *digests*, la lutte frustrée

« En eux, nous retrouvons tout : Freud, la culture absorbée par les *digests*, la lutte frustrée pour le succès, la solitude, le consentement passif et la protestation névrotique. »

pour le succès, la quête de sympathie, la solitude, l'arrogance, le consentement passif et la protestation névrotique. Mais tous ces éléments-là ne jaillissent pas tels que nous les connaissons, de la bouche d'innocents : ils sont pensés et restitués après avoir traversé le filtre de l'innocence.

Les enfants de Schulz ne sont pas un instrument malicieux pour contrecarrer nos problèmes d'adultes : en eux, ces problèmes sont vécus selon les modes d'une psychologie enfantine, et c'est justement pour cette raison qu'ils nous apparaissent touchants et sans espoir, comme si nous reconnaissions soudain que nos maux ont tout emprisonné, à la racine.

Mais encore : la réduction des mythes adultes aux mythes de l'enfance (d'une enfance qui ne vient pas avant notre maturité mais « après » – et qui nous en montre les fissures) permet à Schulz de se rattraper : et ces enfants-monstres sont soudain capables de candeurs et d'ingénuités qui remettent tout en question, en filtrant toutes les impuretés, et ils nous renvoient un monde qui est encore et toujours plein de gentillesse et de douceur, qui a le goût du lait et de la propreté.

Et ainsi, dans un va-et-vient continu de réactions, au sein d'une même histoire, nous ne savons plus s'il nous faut désespérer ou nous accorder un souffle d'optimisme. Mais, de toute manière, nous nous rendons compte que nous sommes loin d'un banal circuit de consommation et d'évasion et que nous avons presque atteint les rives d'une méditation. (…)

NORMALITÉ TRAGIQUE

Le monde des *Peanuts* est un microcosme, une petite comédie humaine aussi bien pour le lecteur candide que pour le lecteur sophistiqué.

Au centre, il y a Charlie Brown : naïf, têtu, toujours maladroit et donc voué à l'échec. À la recherche jusqu'à la crise, de communication et de « popularité », il reçoit en retour la compagnie de petites filles matriarcales et pédantes dont le mépris, les allusions à sa grosse tête ronde, les accusations de stupidité, les petites méchancetés le blessent en profondeur. Intrépide, Charlie Brown recherche partout la tendresse et les moyens de s'affirmer : au *baseball*, dans la construction de cerfs-volants, dans les rapports avec Snoopy, son chien, dans les contacts de jeux avec les petites filles. Il échoue toujours. Sa solitude devient abyssale, son complexe d'infériorité saisissant – teinté par le doute permanent, ressenti également par le lecteur, que Charlie Brown n'ait pas de complexe d'infériorité mais qu'il soit vraiment inférieur.

La tragédie est que Charlie Brown n'est pas inférieur. Pire : il est absolument normal. Il est comme tout le monde. C'est pour ça qu'il est toujours à deux doigts du suicide, ou du moins du collapsus. (…)

APARTHEID CANIN

Antistrophe continue aux angoisses des humains, le chien Snoopy conduit à la dernière frontière métaphysique la névrose du manque d'adaptation. Snoopy sait qu'il est un chien ; demain il sera peut-être encore un chien ; pour lui, dans la dialectique optimiste d'une société opulente qui permet à chacun de grimper de statut en statut, il n'y a aucune chance de promotion. Il tente parfois de recourir à l'humilité (*« Nous les chiens, nous sommes si humbles… »*, soupire-t-il, onctueux et consolé), il s'attache tendrement à celui qui lui promet estime et considération. Mais, en général, il ne s'accepte pas et il veut être ce qu'il n'est pas ; personnalité dissociée, si jamais il en fut, il aimerait être un alligator, un kangourou, un aigle, un pingouin, un serpent… Il essaie tous les chemins de mystification, puis se rend à la réalité, par paresse, par faim, par fatigue, par timidité, par claustrophobie (qui l'assaille quand il rampe dans l'herbe haute), par indolence. Il peut être apaisé mais heureux, jamais. Il vit dans un *apartheid* continu, il a la psychologie de l'exclu et, à la fin, il a, des Noirs, la dévotion à l'oncle Tom, faute de mieux, l'ancestral respect pour le plus fort.

Tout à coup dans cette encyclopédie des faiblesses contemporaines, il y a, on l'a vu, des éclaircies lumineuses, des variations non engagées, des rondeaux de bonheur où tout est pacifié en quelques répliques. Les monstres redeviennent des enfants, Schulz devient simplement un poète de l'enfance. Nous savons que ce n'est pas vrai et nous faisons semblant de le croire. Dans le dessin suivant, il continuera à nous montrer dans le visage de Charlie Brown, en deux coups de crayon, la version de la condition humaine. •

Charlie Brown et le secret de la vie

PAR JULIAN BAGGINI

La bande dessinée, défend Julian Baggini, est la meilleure forme pour faire de la philosophie. Entre existentialismes comique et tragique, *Peanuts* montre comment. Démonstration.

***Peanuts* est l'un des joyaux culturels du XXe siècle** non pas *en dépit* du fait qu'il est une BD comique mais *en raison* du fait qu'il est une BD comique. D'abord parce que la comédie est le genre de notre temps, ensuite parce que les *comics* constituent le médium le mieux adapté à la philosophie. Non que le rire soit toujours la réponse la plus appropriée face à la vie, mais si nous prenons du recul par rapport aux misères de nos destins individuels et aux tragédies qui font chuter les nations, la comédie apparaît comme le seul moyen sérieux de considérer la condition humaine. À cet égard, nous pouvons remercions l'un des héritages les plus fructueux du postmodernisme : la fin des grands récits ; ceux des grandes histoires sociales, historiques ou individuelles.
Aucun d'entre eux ne fonctionne plus. La vie et l'Histoire sont bien plus chaotiques et déstructurées que ça. Les choses arrivent sans nécessité et s'embrouillent, et pour construire une histoire bien nette qui relie les événements

entre eux, il nous faut la simplifier et imposer des structures qui n'existent pas réellement. Le grand récit, autrement dit, est le produit d'une prétention humaine, l'illusion qu'il existe un sens à la vie. Dans un monde privé de grandes narrations, la voix la plus appropriée pour s'exprimer est comique, ironique et déflationniste. C'est la raison pour laquelle la comédie dit la vérité avec le plus d'éloquence. La vie n'est pas assez sérieuse pour être traitée tout le temps avec un sérieux excessif.

Pour y parvenir, Charles M. Schulz utilise une forme unique d'humour mélancolique. Parfois, son approche est remarquablement directe. Dans une case à double encadré, Sally dit à son frère Charlie Brown : *« Je pense que j'ai découvert le secret de la vie. Tu tournes en rond jusqu'à ce que tu t'y habitues. »* L'aphorisme est digne de Nietzsche, le solennel en moins. Au passage, la nature essentiellement destructive, satirique et moqueuse de la comédie correspond parfaitement au postmodernisme, en évitant toutefois son principal écueil nihiliste et en offrant une sorte de rédemption dans l'autodérision avec la révélation, qu'en dépit des absurdités, la vie peut être une joie.

En ce sens, *Peanuts* offre une voie médiane entre ce que je considère comme les deux formes majeures de l'existentialisme populaire. En premier lieu, la version française : l'existentialisme tragique, dont on trouve l'exemple dans la pensée de Camus et de Sartre. En second, la version anglo-saxonne : l'existentialisme comique, léger, dont on trouve l'exemple chez les *Simpsons* et les Monty Python, et qui combat l'absurde non pas par la volonté, mais par le rire moqueur. *Peanuts* constitue un curieux mélange, un *mix* entre la tragédie et la comédie, entre la tristesse et la joie. Si Sartre prend la vie trop sérieusement et les Monty Python trop légèrement, le dessinateur Schulz semble avoir trouvé le juste milieu. Prenons la réaction de Snoopy face à Lucy lorsqu'elle lui déclare qu'il *« n'a aucune importance »*, qu'il est juste *« une minuscule poussière dans l'immensité de l'univers »*. Il y a d'abord un cadre sans légende, suggérant des pensées troublées, puis, on retrouve Snoopy allongé sur le toit de sa niche en train de penser : *« Dans ce cas, je pourrais tout aussi bien me rendormir. »*

JULIAN BAGGINI

Philosophe, né en 1968. Cofondateur et rédacteur en chef de *The Philosophers' Magazine*, il est l'auteur du *Cochon qui voulait être mangé et 99 autres petites histoires philosophiques* (non traduit, Granta, 2005).

UNE INITIATION À LA DÉCEPTION

Même si Snoopy est devenu, en quelque sorte, une icône américaine tout comme Mickey, l'univers aigre-doux de *Peanuts* se situe à des années-lumière de Disneyland, et s'oppose totalement à la mentalité américaine. Ce couplet de *Dark Side of the Moon* des Pink Floyd est certainement ce qui résume le mieux l'état d'esprit de *Peanuts* : *« Suspendu dans un calme désespoir »* à quoi la chanson ajoute *« à l'anglaise »*. Le rêve américain ne meurt jamais, mais dans *Peanuts*, les rêves sont de courte durée, toujours en pointillés. Dans un *strip* par exemple, Charlie Brown se tient sur la base du lanceur et considérant la nouvelle saison de base-ball avec optimisme, s'écrie : *« Je suis ici comme le capitaine d'un navire. Rien ne pourrait faire sombrer ce vaisseau excepté… »*. À cet instant, Lucy, éternellement enthousiaste, mais dont le cas est désespéré, entre et dit : *« Salut capitaine ! Je suis prête à y aller ! »* ; alors Charlie Brown complète sa phrase : « … *un iceberg.* »

Ceci est plutôt incongru, car, pour les Américains, l'échec n'est pas une option mais plutôt quelque chose qui doit être considéré comme une expérience enrichissante, un moyen de grandir. Charlie Brown essaie de vivre ainsi et y parvient réellement. Après une partie de base-ball, il réfléchit : *« Les résultats sont : 40 à 0, devons-nous abandonner ? Non ! Nous ignorons ce que signifie "abandonner" ! »* C'est alors que Lucy apporte la définition manquante : *« Abandonner : arrêter ou cesser. »* Et Charlie de conclure : *« Nous avons perdu la partie mais nous avons appris la signification du mot "abandonner". »*

Il est assez remarquable de voir qu'un *cartoon* initialement destiné aux enfants prépare autant ses lecteurs aux déceptions de la vie. Dans « Ne te fie jamais aux larmes d'une femme, Charlie Brown ! », Lucy, comme à son habitude, écarte la balle des pieds de Charlie au moment où celui-ci s'apprête à tirer, le laissant retomber à plat sur le dos. La leçon est claire. Les gens feront appel à votre meilleure nature, à votre confiance, et si vous êtes bien disposé, vous voudrez leur accorder le bénéfice du doute. Mais beaucoup sont des menteurs et des traîtres en série qui abuseront de vous. Et certains, comme Charlie Brown, n'assimileront jamais la leçon. Nous le voyons reproduire la même erreur encore et encore. De sorte que nous ne la commettrons pas nous-mêmes.

« La réalité de Charlie est celle d'une abstraction qui aurait capturé l'essence de la vie réelle, non pas celle d'un homme particulier et réel dans lequel nous voyons notre propre reflet »

Si oui, nous serons capables de la rapporter au *cartoon* et nous pourrons au moins y voir l'aspect comique.

L'IRRÉALITÉ CONCRÈTE DU STRIP

La comédie est le genre qui éclaire le mieux notre condition quotidienne. Mais il y a plus, et je voudrais défendre l'idée que la bande dessinée est la meilleure forme pour faire de la philosophie. Entre autres raisons, parce que la bande dessinée n'est pas un grand récit mais une collection de courts épisodes fragmentaires reliés uniquement par le temps et la ressemblance : n'est-ce pas une excellente définition de la vie ?

Mais la raison principale qui fait que les bandes dessinées véhiculent parfaitement la vérité tient à ce qu'elles ne sont pas réalistes : tout comme la philosophie. La philosophie doit être réelle dans le sens où elle doit donner une signification au monde tel qu'il est et non pas tel que nous imaginons ou voulons qu'il soit. Mais elle traite de ces problèmes d'un point de vue général et s'intéresse →

à une série de grands concepts : la vérité, la justice, le bien, l'identité, la conscience, le sens, etc. Le problème des formes réalistes d'art, c'est qu'elles sont trop enracinées dans le particulier. À dire vrai, les meilleurs films, pièces de théâtre ou romans tendent vers l'universel, mais pour fonctionner, ils ont besoin de personnages réels, faits de chair et de sang. Dire que les personnages d'une fiction sont des types ou des caricatures est en effet presque toujours une critique.

Cependant, l'aspect essentiel d'irréalité des bandes dessinées mène à la caricature. Elles recourent à l'abstraction, telle la philosophie. Charlie Brown est, en un sens, un individu que nous sommes amenés à connaître et à aimer. Mais il n'est jamais réaliste comme un personnage de roman ou de film. Il est reconnaissable en ce qu'il figure n'importe quel garçon américain. Sa réalité est celle d'une abstraction qui a capturé l'essence de la vie réelle, non pas celle d'un homme réel et particulier dans lequel nous voyons notre propre reflet.

En effet, c'est souvent la touche la plus irréaliste qui permet à *Peanuts* de saisir la plus profonde réalité. Lorsque Charlie Brown lit les dernières lettres de refus que Snoopy a reçues des éditeurs et qui regorgent de propos injurieux comme *« Qui vous a dit que vous pouviez écrire ? Votre mère ? »* ou *« Si vous nous envoyez encore une histoire aussi débile, nous serons contraints de condamner notre boîte aux lettres »*, il va ranger ces courriers dans un coffre trois fois plus grand que lui. Les réalités de l'échec, de la persévérance aveugle et obstinée qui s'opposent à toutes les évidences sont saisies dans un moment d'irréalité que la bande dessinée est autorisée à créer. Cette faculté de créer des abstractions concrètes lui permet de distiller ce qui, d'un autre côté, aurait été longuement débattu, en un précis concis.

Le monde de la BD est essentiellement philosophique parce que, pour fonctionner, il doit refléter précisément la réalité. Les BD réduisent, distillent et, en retour, éclairent la réalité mieux que les fictions réalistes. Voilà pourquoi ce n'est pas une coïncidence si la plupart des productions culturelles actuelles, les plus perspicaces en tout cas, sont des dessins comiques. •

Or ce que Cosinus avait trouvé c'était l'*anémélectroreculpédalicoupeventombrosoparacloucycle*, dans lequel sont utilisées toutes les forces propulsives connues et même inconnues. Il l'a fait exécuter et un beau jour il s'élance, suivi de Sphéroïde.

Éternel Cosinus

PAR PASCAL ORY

Résolu à parcourir le vaste monde pour y apporter la civilisation, le savant Cosinus se révèle incapable de sortir de Paris. À l'aube du XXe siècle, l'ancêtre de Tournesol instille malicieusement un zeste de chaos dans la marche triomphale du déterminisme scientifique.

PASCAL ORY

Né en 1948. Historien spécialiste de l'histoire culturelle. Auteur de *Goscinny (1926-1977) : La liberté d'en rire* (Paris, Perrin, 2007), il vient de publier *Vie de Damoclès. Fragments* (Éd. des Busclats, 2012).

Christophe n'était pas un auteur de bande dessinée comme les autres – à son époque, au reste, la bande dessinée n'existait pas plus que les *comics* : on n'allait guère au-delà des « *histoires en images* ». Tout au long du temps où il publia (1889-1904), il mérita le beau qualificatif d'amateur. Pour le monde adulte, il était M. Colomb, savant émérite, ancien de l'École normale supérieure, sous-directeur du laboratoire de botanique de la Sorbonne (d'une

Malheureusement les détonations successives et répétées de l'appareil à recul ont pour effet de faire naître une émotion intense dans la gent canine, naturellement ennemie des progrès qu'elle ne comprend pas. Je connais bien des gens qui seraient, à ce point de vue, dignes d'être chiens.

de mes salles de cours, j'aperçois ses anciennes serres). Pour les lecteurs du journal *Le Petit Français illustré,* il se dédoublait en Christophe : le jeu de mots donne le ton – le bon ton – de son humour bon enfant. Passionné de pédagogie, auteur de plusieurs manuels, Georges Colomb eut pour élève au lycée, deux années de suite, Marcel Proust. Homme de gauche et engagé, il n'hésitera pas, en pleine Affaire, à donner des cours particuliers aux enfants du capitaine Dreyfus.

L'Idée fixe du savant Cosinus, sorti en album en 1899, parut d'abord dans le *Petit Français illustré*, comme les trois autres œuvres qui ont fait sa célébrité : *La Famille Fenouillard, Les Facéties du sapeur Camember, Les Malices de Plick et Plock. L'Idée fixe du savant Cosinus* fonctionne, de fait, comme le symétrique subtil du premier album, coup d'essai et coup de maître. Le récit des mésaventures de Cosinus prend en effet le relais, en 1893, des aventures de M. Fenouillard. Zéphyrin Brioché, alias Docteur Cosinus, est le cousin d'Agenor Fenouillard. C'est la lecture fortuite de la série dessinée de Christophe – mise en abyme, dirait-on aujourd'hui – qui suscite en lui le désir de partir à son tour courir le vaste monde. Mésaventures, oui, car là où Agenor et sa famille se retrouvent à leur corps défendant, brinquebalés sur tous les continents, le cousin Cosinus se révélera incapable de franchir les limites de Paris. L'album est une suite d'accidents et d'incidents (au sens le plus philosophique du terme) se soldant toujours par ladite incapacité. Une idée simple, mais d'une grande efficacité comique.

POTACHE SUP'

Historiquement, Cosinus installe dans l'univers culturel français la figure du savant distrait, variante sympathique du savant fou, démiurge terrorisant dont Mary Shelley avait dessiné les traits dans son *Frankenstein*. Ici la démiurgie cosinienne n'est qu'une série d'expérimentations ratées, propre à rassurer le commun des mortels sur cette fameuse Science qui, en cette fin de XIXe siècle, est à l'apogée de sa gloire, entre Charles Darwin et Claude Bernard.

En amont, Cosinus avait sans doute des modèles dans la vie dite réelle. Pour Georges Colomb, pur produit de l'esprit potache dans sa version supérieure (le canular est une invention de l'École normale supérieure), le prototype était sans doute André-Marie Ampère, professeur à Polytechnique (Zéphyrin Brioché est un X), dont toute une geste, mêlant faits véridiques (il se serait, comme Cosinus, mouché avec le torchon du tableau noir) et extrapolations facétieuses, racontait les distractions. Ce n'est pas tout à fait un hasard si au moment où Christophe invente Cosinus, Alfred Jarry peaufine son Ubu, inspiré à ses camarades du lycée de Rennes par un professeur de physique abondamment chahuté. En aval, la ligne Cosinus engendrera Tryphon Tournesol, le professeur Nimbus et le comte de Champignac.

L'EFFET PÉLICAN

Présentée ironiquement par Christophe (qui pastiche les préfaces moralisatrices de son temps) comme « *rempli d'aperçus nouveaux autant que philosophiques », Cosinus* est une série de morceaux de bravoure. Certains sont d'une grande férocité sous leur air bonhomme, comme quand le dentiste Hilaire (Max), victime d'une erreur judiciaire, se retrouve, de fil en aiguille, enfermé dans un asile psychiatrique, puis, jugé totalement sain d'esprit, libéré au moment où, à force de traitements de choc, il est devenu totalement fou. L'épisode sélectionné ici teste ce qui deviendra un classique de ce type de comique, de Tournesol aux Shadoks : l'invention farfelue. À cet égard, on pourrait décrypter l'« anémélectroreculpédalicoupeventombrosoparacloucycle » comme mélangeant, en effet, selon les mots de l'auteur, *« toutes les forces propulsives connues et même inconnues »*, du vent à l'électricité, à partir de l'objet bicyclette, d'invention récente. Le plus intéressant de cette page tient peut-être à l'enchaînement qui la structure – technique comique dont regorge l'album – et que résume le titre : « Où Cosinus, ayant marché sur les traces d'Archimède, provoqua l'amaigrissement du personnel de l'Institut Pasteur, amena une crise sur le marché des lapins et fut pris pour un pélican. » Manière plaisante de saluer et de critiquer le déterminisme, dont notre époque est friande (l'effet papillon), mais dont déjà, du temps de Colomb, Henri Poincaré extrayait ce qui allait devenir la théorie du chaos. Autrement dit : la conciliation du déterminisme et de ce qui le nie. Or Poincaré, dont certains ont aussi voulu faire un des modèles de Cosinus, était alors collègue de Georges Colomb à la Sorbonne, en tant que titulaire – la porte à côté. •

Le monde comme expérimentation

PAR ÉLIE DURING

Une pincée de Calvin (Jean), un soupçon de Hobbes (Thomas) et nous voilà embarqués sur un monde où l'homme est un tigre pour l'homme et les sandwichs au thon l'ultime recours pour affronter l'absurdité de la vie. Avec en filigrane, une philosophie : pour explorer le réel, rien de tel qu'une bonne déformation.

Ce *comic-strip* a paru dans les quotidiens américains du 18 novembre 1985 au 31 décembre 1995. Bill Watterson, l'auteur de cette œuvre intemporelle s'est retiré de la BD. Il refuse toute interview depuis 1990. (Disponible en français aux éditions Hors Collection.)

Calvin : un garnement de six ans, manifestement trop intelligent pour son âge, oscillant entre des phases d'hyperactivité bruyante et des accès de paresse. Hobbes : un tigre jovial et anthropomorphe, capable de se tenir debout, de conduire un traîneau et de soutenir une conversation, mais que le monde extérieur s'entête à voir comme une simple peluche. Ne vous fiez pas au choix des noms. En racontant, jour après jour, les tribulations de ces deux amis, Bill Watterson n'entendait pas administrer une leçon philosophique. Les trois mille et quelques planches publiées de 1985 à 1995 ne délivrent aucun message particulier. Il y est question à peu près de tout : du conformisme ou de l'absurdité des usages, des turpitudes de la discipline domestique, de la méchanceté ordinaire en milieu scolaire, de la vague inquiétude qui taraude un monde matérialiste livré au cynisme du profit et à la médiocrité de la culture de masse (céréales et télévision), de l'angoisse métaphysique éprouvée devant les espaces infinis mais aussi de l'ennui qui saisit les enfants le dimanche après-midi, la veille d'un contrôle de mathématiques… On y parle souvent de la famille, de l'amour et de l'amitié, du bon goût et de la violence, de l'étrangeté de l'autre sexe, de ce qui distingue les hommes et les animaux, du bon usage de la liberté, et bien entendu du sens de la vie, à la manière de *Peanuts*.

À l'approche des fêtes, Calvin refait le coup de Pascal : il faut parier sur l'existence du Père Noël, puisqu'il est infiniment plus enviable de recevoir des cadeaux que pas du tout. Son égoïsme calculateur et sans retenue s'accompagne tout de même de quelques moments de lucidité. De Jean Calvin il retient le dogme de la prédestination, mais c'est pour mieux servir ses lubies à courte vue : *« La vie est bien plus drôle quand tu n'es pas responsable de tes actes. »* Hobbes pour sa part défend, comme l'auteur du *Léviathan*, une sagesse lucide et pragmatique : l'homme est un tigre pour l'homme, et si la vie n'a pas de sens, il reste au moins les sandwichs au thon. Mais la comparaison s'arrête là, et les philosophèmes égrenés au fil des cases relèvent davantage de l'aphorisme zen que de la grande tradition philosophique, même s'il arrive à Hobbes de citer, au cours d'une joute verbale, un passage de la *Critique de la raison pure*.

UN POLTERGEIST À RAYURES ?

L'essentiel est ailleurs. Sous les saynètes plaisantes et parfois émouvantes (« La mort du raton-laveur ») décrites par le trait virtuose de Bill Watterson, une énigme insiste, matérialisée de loin en loin par la représentation en alternance, et parfois dans un même *strip*, de deux versions de Hobbes tout à fait différentes : dans les bras de Calvin, adossé à un oreiller ou confié au tambour d'une machine à laver, c'est une peluche inerte ; roulé en boule devant le feu, jaillissant de derrière un arbre, c'est un tigre de taille adulte, doté d'une personnalité propre, avec ses goûts et ses manies. Le propre du fantastique, Tzvetan Todorov l'a bien expliqué, est de se définir à la frontière de deux genres voisins. La conscience y oscille entre deux interprétations, deux propositions de monde : le monde du merveilleux où les objets s'animent et les animaux parlent, et celui du réalisme où des enfants à l'imagination exacerbée prennent leurs désirs pour des réalités et se façonnent des compagnons imaginaires, quitte à se heurter au principe de réalité incarné par la loi parentale. Si l'on adopte cette grille de lecture, il faut admettre que les deux états de la représentation sont en fait virtuellement superposés tout au long et que la plus grande fréquence des représentations en mode merveilleux tient simplement au fait que le récit a tendance à se focaliser sur la relation d'amitié qui lie Calvin et Hobbes, en épousant le point de vue des deux protagonistes…

L'apparition occasionnelle de la peluche en mode réaliste traduirait l'irruption du point de vue du monde adulte ou de l'environnement social (les parents, la petite Susie Derkins, etc.). Brusquement arrachés à notre rêverie sympathique, nous retrouverions pour quelques instants la dure loi du partage entre les choses et les vivants, les animaux et les hommes. La complicité qui nous lie – c'est un contrat de lecture implicite – au rêve éveillé de l'enfant, serait ainsi sourdement travaillée par une tension. Tension irrésolue puisque, contrairement à ce qui a lieu avec *Little Nemo*, nous ne pouvons pas compter sur la case finale pour qu'une chute de lit nous ramène pour de bon à la réalité.

Mais c'est dire que l'invocation des points de vue ne résout rien. Car la question se pose à nouveau à propos de Calvin lui-même, dont il est clair que sa relation à son ami tigre excède tout « faire semblant » : ce compagnon de jeu est-il (pour lui) une peluche animée ou un vrai tigre doué de parole ? La première hypothèse évoque l'animisme (catégorie anthropologique) ; la seconde nous conduit dans les parages de la psychose (catégorie clinique). Calvin hallucine-t-il ? Projette-t-il dans les choses sa propre intériorité ? On peut en discuter. Mais lorsque son père le trouve mystérieusement attaché à sa chaise par une corde dont nous savons que c'est Hobbes qui l'a nouée, est-il encore bien raisonnable d'invoquer la fonction fabulatrice ou une quelconque projection psychique ? L'efficacité du symbolique se mesure aussi à ces transactions troubles, qui tiennent davantage du *poltergeist* que du compagnon imaginaire.

Reste donc à comprendre le mode d'existence singulier de Hobbes pour Calvin. Pour cela, il convient de s'intéresser directement au monde que construit leur relation, avec tout le réseau de ses connexions vivantes. Remarquons d'abord que Hobbes n'est absolument pas « la chose » de →

➔ Calvin ; il n'est en aucune façon l'instrument docile de ses désirs. Mais il n'est pas plus une projection de son surmoi, une image du Père ou de la Loi. La relation est égalitaire, à mille lieues de toute forme d'aliénation. Hobbes tient du compagnon et du grand frère. De bonne composition, il se prête jusqu'à un certain point aux projets échevelés de Calvin ; mais il ne se prive pas de marquer ses doutes et ses réserves. Il ne perd d'ailleurs pas une occasion de le tourmenter en l'entraînant dans des luttes inégales dont l'enfant sort toujours battu.

HOBBES, UNE ALTERNATIVE À LA SOCIALISATION

Ce grand chat élégant et bon vivant, n'a rien d'un ange ; il n'incarne pas le « bon côté » de Calvin, sa conscience morale, pas plus d'ailleurs qu'il ne figure sa mauvaise part. Son animalité lui confère un prestige et une autorité paradoxaux. Calvin est persuadé que Hobbes détient des savoirs occultes : dans le domaine des mathématiques par exemple. Le tigre n'est pas un double de l'enfant ; il n'est pas un ami imaginaire, ni vraiment un animal totem. Son altérité réelle tient à ce qu'il incarne un autre principe de réalité que celui des parents ou de l'école, une autre version de l'humanité adulte : une version naturaliste, animale et rationnelle, qui fait concurrence aux modèles de socialisation habituels. On devine que cette possibilité concerne déjà tout autre chose que l'enfance. Comme l'explique l'anthropologue Viveiros de Castro dans *Métaphysiques cannibales*, l'animisme bien compris est un perspectivisme. Pour devenir ce qu'il est, pour s'affirmer comme différent dans un monde trop uniforme, Calvin traverse la barrière des espèces et absorbe, tel un *chaman*, la perspective du tigre. Le commerce qu'il entretient avec cet animal sociable déplace la ligne de partage entre humains et non-humains : ce qui distingue l'homme de l'animal, ce n'est pas l'âme (ou son absence), c'est le corps ; ce n'est pas la culture, mais seulement la particularité d'une nature.

ELIE DURING

Né en 1972, maître de conférences en philosophie à l'université de Paris-Ouest-Nanterre-La Défense, Élie During a réalisé l'édition critique de l'ouvrage d'Henri Bergson *Durée et Simultanéité* (PUF, 2009). Il a publié récemment *Faux Raccords. La coexistence des images* (Actes Sud, 2010), puis *Bergson et Einstein : La querelle du temps* (PUF, 2011).

UN DUO GÉNÉRATEUR DE SCIENCE-FICTION

Le tandem formé par Calvin et Hobbes fonctionne, de façon générale, comme une formidable machine à mettre le monde en variation. De ce point de vue, la tonalité fantastique des moments, assez rares, où la narration bascule d'un mode de représentation à l'autre, est l'indice d'un processus de métamorphose universelle qui trouve une application littérale avec le « transmutateur » (« *transmogrifier* »), une boîte en carton capable de faire muter les êtres à volonté. Les scènes de rêverie matérielle sont innombrables. Calvin emprunte les formes les plus diverses : mouches, tyrannosaures, mais aussi planètes (la « *planète Calvin* »), photons, rayons X et flux de toute nature. Ce rapport de possession s'étend au monde et aux êtres alentour : la purée se transforme en « blob », la maîtresse en *alien* baveux, etc. Watterson affectionne les changements d'échelle et de perspective. Ses personnages peuvent être rétrécis, « gommés » (lorsque Calvin se croit invisible), ou liquéfiés, aplatis en deux dimensions, livrés à l'apesanteur par l'effet d'une suspension magique de la gravité. Bachelard le rappelle dans *L'Air et les Songes*, l'imagination est moins la faculté de former des images que de déformer celles fournies par la perception. C'est ainsi que Calvin explore l'univers : en le soumettant à une déformation systématique, en se laissant traverser par des énergies de devenir, en faisant de son corps un « amplificateur psychique ». Comme le suggère la figure de Spiff le spationaute, un de ses *alter ego* les plus attachants, le bon paradigme est finalement moins celui du fantastique que de la science-fiction : cette fantasmagorie est une incessante production de mondes. « *L'enfance,* écrivait Rousseau dans l'*Émile, a des manières de voir, de penser, de sentir, qui lui sont propres.* » En donnant libre cours à sa fantaisie cosmologique, Calvin introduit dans notre monde un peu de jeu. Sauvage et démiurge, il est l'infatigable promoteur de nouvelles façons de sentir et de penser. •

Le cosmos selon Calvin

PAR MARTIN WINCKLER

La boîte en carton de Calvin est une machine à explorer le temps aussi bien que l'espace. Elle est vide, et pourtant pleine. Toujours en expansion, elle contient tous nos mondes parallèles de souvenirs, de désirs et même nos espérances, fussent-elles trompeuses.

C'est une boîte en carton cubique, de grand format. Elle a dû contenir un téléviseur – quand ils n'étaient pas encore plats. Elle est suffisamment grande pour qu'un garçon de six ou sept ans y tienne debout. Elle me fait penser à la maison en carton qui a longtemps trôné dans l'une des chambres de nos enfants. La boîte dont je parle appartient à Calvin, le personnage de Bill Watterson, et elle remplit bien d'autres fonctions. Au cours de la première année de publication, la boîte est un vaisseau temporel avec lequel Calvin et son tigre et ami Hobbes partent explorer le Jurassique. Lorsqu'elle réapparaît en 1987, c'est un « *transmogrifier* », néologisme que j'ai mentalement traduit par transmogrifeur. (Pour régler la question une fois pour toutes, comme le ferait Calvin, peu importe quel terme ridicule le traducteur officiel a retenu, de toute manière le mien est bien meilleur et je n'ai pas besoin de vous expliquer pourquoi. C'est ainsi. Point final. N'y revenons pas. Compris ?)

DES DOUBLES TROP PARFAITS

Cette boîte remarquable fait plusieurs apparitions au cours des dix ans de vie du personnage mais, dès les premiers *strips*, on connaît précisément sa fonction : c'est une machine à explorer. Dans sa première occurrence (mars-avril 1987), la boîte est posée à l'envers et – comme l'indiquent les inscriptions tracées dessus – transforme en anguille, en babouin, en insecte, en dinosaure ou en tout autre chose : Calvin a laissé exprès de la place pour écrire. « *Pourquoi vouloir être autre chose ?* » demande Hobbes. « *Personne ne l'a encore fait ! Et pense à tout ce qu'on peut apprendre !* » répond Calvin avant de se transformer… en tigre, par empathie avec son compagnon. Malheureusement, ses parents ne voient pas qu'il a changé – ce qui était le but recherché – et l'expérience tourne court. ➔

La seconde occurrence (janvier 1990) est plus spectaculaire, et plus chargée de sens encore. Après avoir incliné la boîte sur le côté, Calvin la transforme en réplicateur. Il a eu l'idée géniale de se fabriquer un double et de l'envoyer assurer à sa place les corvées (traduire : les activités élémentaires telles que faire ses devoirs ou ranger sa chambre) que sa mère lui impose. Mais lorsque Calvin s'écrie : *« Ca marche, ça marche ! Je suis un génie ! »* le double rétorque : *« Menteur, c'est pas vrai ! C'est moi qui ai inventé ce truc ! »* À partir de ce moment, tout s'accélère : quand le double (à moins que ce ne soit Calvin 1) décide d'aller jouer dehors, Calvin 1 (ou le double ?) décide de… se répliquer de nouveau. Heureusement, la machine grille après cinq utilisations. Les doubles sont si ressemblants qu'ils font toutes les sottises que Calvin n'aurait pas le temps de faire seul. Désespéré, il s'exclame : *« Tout le monde pense que c'est moi qui fais toutes ces bêtises. Je suis trahi par mes propres doubles »* (« I'm being framed by my own doubles ! »). Il se débarrasse de ses sosies en les transformant… en vers de terre. De cette expérience, Calvin convient toutefois qu'il n'a rien appris.

Un beau jour de mars 1991, une version « positive » de Calvin se présente à sa mère sous la forme d'un garçon de six ans poli et bien coiffé, qui prend son bain spontanément, se brosse les dents sans en mettre partout et fait ses devoirs sans se faire prier. La métamorphose est d'autant plus saisissante pour la mère (et le lecteur) que son explication n'est révélée que quatre *strips* plus tard : le « bon » Calvin sort du réplicateur modifié. Il n'a que les bons côtés de son modèle, grâce à l'ajout d'un… « éthiqueteur » *(ethicator)*, gadget qui garantit la moralité de son comportement. Mais très vite, la perfection du double se retourne contre son créateur, car le « bon » petit garçon devient gentil avec Susie, ennemie mortelle de Calvin. Lorsque les deux garçons en viennent aux mains à ce sujet, le double disparaît : l'éthiqueteur lui interdit toute pensée négative et ce paradoxe lui a été fatal.

UNE MACHINE TEMPORELLE

La boîte en carton réapparaît fin mai 1992, de nouveau sous la forme d'une machine temporelle. Calvin a la flemme d'écrire une nouvelle pour l'école. À 18 h 30, tandis que l'heure du souper et du coucher s'approche, il décide de voyager jusqu'à 20 h 30 en se disant que le devoir sera fait. Hélas ! le Calvin de 20 h 30 n'a pas fait le devoir non plus. Tous deux retournent à 19 h 30 pour punir leur *alter ego* de les avoir mis en difficulté. Entre-temps (c'est le cas de le dire), les Hobbes de 18 h 30 et 20 h 30 écrivent l'histoire. Ils obtiendront une excellente note, au grand dam de leur(s) compagnon(s).

Les aventures de la boîte en carton ne sont pas, et de loin, les seuls exemples de transformation dans *Calvin et Hobbes*. La plus fréquente est bien sûr celle de Hobbes lui-même : simple tigre en peluche en présence d'un tiers, il s'anime et devient deux fois plus grand, plus fort, plus intelligent et plus sarcastique encore que Calvin lorsqu'ils sont en tête-à-tête. De son côté, Calvin se transforme volontiers en dinosaure (et de préférence en T-Rex, pour tout détruire sur son passage). Parfois, il endosse aussi la combinaison de Spiff, l'aventurier de l'espace, ou la cape de Stupendous Man, le superhéros ennemi des mères de famille et des *baby-sitters*. Au cours de planches en une page, assez remarquables, Calvin devient fin comme une feuille de papier, prend la forme d'une figure cubiste ou apparaît comme un négatif photographique de lui-même. À la différence de ces métamorphoses formelles, la boîte en carton apporte à *Calvin et Hobbes* une dimension symbolique particulière. Par ses multiplications, la boîte met au jour, littéralement, la duplicité naturelle du personnage. En exigeant de lui d'être ce qu'il n'est pas, le monde réel emprisonne Calvin et le bride. L'imaginaire n'est pas un moyen de s'échapper, il est son monde, le seul qui vaille la peine.

RÉSIDENT DE L'IMAGINAIRE

La boîte en carton est à cet égard le meilleur moyen d'explorer son monde : il fait à son bord, avec ou sans Hobbes, de nombreux voyages temporels ou interstellaires. Par son caractère tangible et permanent, ce carton qu'il peut ranger ou tirer de son armoire à loisir possède une réalité bien plus concrète que la soucoupe volante de Spiff ou la silhouette monstrueuse du T-Rex.

Pour le lecteur, ce carton représente tous ceux que l'on emplit et vide pendant sa vie – les cartons des cadeaux de Noël ; ceux dans lesquels on entasse les jouets dont on ne se sert plus ; les cartons de livres, de cahiers et d'objets d'autrefois ; ceux dans lesquels on a serré les albums de photos, les vêtements usagés, les documents périmés qu'on a eu peur de jeter ; ceux qu'on ouvre en emménageant, ceux qu'on laisse au garde-meuble ; ceux qu'on rouvre plusieurs années après. Le carton de Calvin, c'est la boîte de Pandore de nos vies : il contient nos silhouettes passées, nos rêves d'avenir, nos espoirs oubliés. Telle la boîte crânienne qui contient nos cerveaux, il renferme un univers intérieur en constante expansion que la réalité ne pourra jamais égaler – ni même reproduire. •

MARTIN WINCKLER

Né en 1955. Médecin de formation, il devient célèbre avec son roman *La Maladie de Sachs* (1998). Également auteur de romans policiers (*Les Invisibles*, Fleuve noir, 2011), il se passionne pour les séries télévisées et la bande dessinée.

À QUOI SERVENT LES HÉROS ?

Les héros servent à nous protéger du danger, pardi ! répond Boris Cyrulnik dans un éloge enflammé de Rantanplan. Et l'on verra que de Marshall McLuhan à Umberto Eco, de Tristan Garcia aux philosophes Frédéric Worms et Paul Clavier, *Superman, Spider-Man, Astérix* et *Lucky Luke* n'ont rien perdu de leur charme, ni le presbytère de son éclat. Même si, il faut bien le dire, la condition (sur)humaine n'est plus ce qu'elle était et les héros, parfois, déconstruits et fatigués. Ce qui ne les empêche pas de rester les porte-parole d'une pensée qu'il faut déchiffrer. N'est-ce pas là une jolie fonction philosophique?

Éloge de Rantanplan

ENTRETIEN AVEC BORIS CYRULNIK

PROPOS RECUEILLIS PAR SVEN ORTOLI

Pauvre Rantanplan ! Tout le monde le prend pour une demi-truffe. Tout le monde sauf… Boris Cyrulnik. L'éthologue lui déclare ici son affection, au nom d'une vérité que notre culture, qui a fétichisé la parole, tend à perdre de vue : les mots ne doivent pas être dissociés de la perception, ni coupés de la réalité sensible. Sous peine de vivre dans un monde livré aux délires verbaux.

Rantanplan est-il le chien le plus bête à l'ouest du Pecos ?

BORIS CYRULNIK — Ni à l'est, ni à l'ouest. Je pense qu'avec son intelligence de chien, il est capable de performances intellectuelles très honnêtes. Ce sont les hommes qui font des contresens. Prenez ce passage où Lucky Luke lui intime de garder un trésor. Que fait Rantanplan ? Il garde l'os et pas les bijoux. Parce que dans un monde de chien, le trésor, c'est un os. Quelle meilleure démonstration du fait que l'image est sémantique. C'est le contraire de ce que nous disent Freud, les juifs ou les musulmans, pour lesquels l'image rabaisse la pensée : faudrait-il donc n'avoir que des pensées abstraites ? Rantanplan leur répond : « Pas du tout, l'image est une forme de pensée. » Pour lui, l'image trompe beaucoup moins que les mots. À un autre niveau d'abstraction, il pense avec des images sémantisées dans un monde de chien. Valeur de chien = os : je garde le trésor, je garde l'os. L'humour surgit du contresens entre les valeurs canines et les valeurs humaines. Alors, Rantanplan a-t-il raison de raisonner, de réfléchir en termes d'images plutôt que de mots ? À la vérité, je pense que notre culture a surcoté la parole, au point même de l'utopiser…

Elle surévalue la parole au point de la déifier ?

B. C. — De la fétichiser, c'est-à-dire de faire que la parole représente quelque chose qui n'est pas dans le réel. Je ne dis pas, cela va de soi, qu'il ne faut pas parler, mais que les mots doivent désigner des choses. Les enfants comprennent en termes d'images bien avant de parler, et même dès la naissance, comme le montrent des expériences de neurophysiologie : un nourrisson perçoit des brillances, des ombres et des mouvements. C'est un début d'image (il distinguera les couleurs bien plus tard) qui accompagne les basses fréquences de la voix de la mère. Plus tard, au deuxième mois, le visage de celle-ci apparaît : l'image précède la parole. Et si cette image a une prosodie ludique, la pensée, ou plutôt la perception démarre. Mais ce tout constitué par l'image, le son et la prosodie ne représenteront quelque chose que plus tard, lorsque le bébé se mettra à parler et à appeler sa mère. La sémantisation, en somme, commence bien avant la parole, avec une odeur, un bruit, un chiffon qui signifie « maman n'est pas là, mais elle va revenir ». Lorsque le bébé pointe du doigt un biberon, il sait qu'il va manipuler le monde mental de sa mère pour l'obtenir. Il sémantise, comme il le fera plus tard avec sa langue, une fois établie la convention du signe. L'ontogenèse de la parole débute comme dans un film muet, avec les musiciens en bas de l'écran, et se poursuit jusqu'à ce que le son convenu, arbitraire, désigne quelque chose qu'on ne voit pas.

Je fais partie d'une génération à qui l'on a enseigné que tant qu'un enfant ne parle pas, il ne peut rien comprendre ! C'est évidemment faux ; les enfants comprennent d'abord avec des images, des sons, des gestes et quand ils se mettent à parler, survient la métamorphose de la condition humaine, le monde créé par la parole, mais qui n'exclut pas l'autre. Simplement, avant cette métamorphose, il y a une morphose. Prenez le cas des aphasiques, ces gens qui ne fabriquent plus de mots parce que la machine neurologique à fabriquer des mots est cassée. On a longtemps pensé que s'ils ne fabriquaient plus de mots, ils ne comprenaient plus rien. Du coup, les neurologues y perdaient leur latin. Ce faisant, ils les ont laissés tomber et ont aggravé les souffrances de gens qui étaient en difficulté non de langage, mais de parole. En fait, les aphasiques pensent avec des images, des gestes, des mots, des sons, des prosodies. Ils possèdent des représentations créées par une forme d'intelligence préverbale que notre culture, qui a fétichisé la parole, a méprisée. D'ailleurs, si l'on fait les images avec nos gestes, avec nos mimiques, ils comprennent très bien, aussi bien les gestes illustratifs que phatiques ou déictiques. Et quand eux-mêmes ne peuvent plus désigner avec des mots, ils utilisent le geste. Les personnes frappées d'Alzheimer compensent et équilibrent sans cesse en désignant avec des gestes.

Rantanplan vous a fait comprendre tout cela ?

B. C. — Oui, c'est pour cela que je l'aime autant. Moi, lorsque je lis Lacan à mon chien, il réagit à chaque fois par le même comportement : il me regarde, il couche les oreilles et il remue la queue. Qu'en déduire ? Qu'il adore Lacan ? C'est le même contresens qu'avec Rantanplan et le trésor. Quand je lui lis Lacan, mon chien est vraiment content. Parce que pour lui, c'est un événement important : « Mon maître me parle. » Lacan, il ne le comprend pas, enfin ni plus ni moins que la plupart de ceux qui le lisent ! Comme les chows-chows de Freud qui assistaient à ses consultations. Chaque séance durait une heure. Et comme les chiens ont une horloge biologique interne, ils se couchaient et se relevaient pile à la fin de la séance.

BORIS CYRULNIK

Né en 1937. Éthologue, psychanalyste, psychologue, neuropsychiatre et écrivain, il a développé le concept de résilience. Il a récemment signé *Sauve-toi, la vie t'appelle* (Odile Jacob, 2012) et a participé à un livre d'entretiens avec Élisabeth de Fontenay et Peter Singer, *Les animaux aussi ont des droits* (Seuil, 2013).

Rantanplan témoigne que l'on sémantise avant la parole. Et cette vérité-là n'est pas seulement réservée aux nouveau-nés. Si je dis, par exemple, « Mais oui, je t'aime », cela peut vouloir dire « Tu me casses les pieds. » Et pourtant j'ai dit « Je t'aime ». Mais la musique de mes mots signifie à l'autre qu'il me casse les pieds. Nous ne sommes pas totalement coupés de la perception. Notre culture moderne est une culture de l'urbanisme, de la foule Les anthropologues avec lesquels je travaille me disent : *« On ne peut pas établir de relations humaines avec plus de 200 personnes, la population d'un village ; au-delà, c'est anonyme, c'est une représentation. »* Mais ces 200 personnes, je les rencontre, je dis *« Bonjour »* au conducteur de bus, à ma concierge, à ma femme, à mon patron. Le mot bonjour a des nuances, un contexte, des postures, des mimiques, des sonorités. La mise en scène diffère pour chacun d'entre eux.

Le même raisonnement s'applique au langage. Maintenant, si vous imaginez un langage coupé du réel sensible, il peut très bien devenir le langage de la Pythie ou des gourous. Les gens adorent ce langage, c'est beau, c'est poétique, c'est Nostradamus. Rantanplan nous avertit que les mots ne doivent pas être coupés de la réalité sensible, sinon c'est le délire. Dans son *Discours de la servitude volontaire,* La Boétie s'étonne de la soumission à l'autorité. Mais que faisons-nous d'autre ? On répète des slogans, on se soumet, et on éprouve du plaisir à se soumettre, puisque cette répétition de la phrase signifie qu'on est frères. Peu importe son éventuelle sottise, elle veut dire : « je me sens en sécurité avec vous. » Fondamentalement, le slogan creux et la phrase creuse ont une fonction de familiarisation. Pour Rantanplan, au contraire, un mot est un objet sensoriel. « Sortir », « manger », « nonosse » désignent quelque chose. Un été passé, je parlais de cela avec un ami qui a un chien. J'ai dit *« sortir »* au chien, et il a filé aussitôt à la porte. Sans que je bouge, en prononçant seulement le mot sortir. Ensuite, j'ai pris un livre et je l'ai posé sur ma tête. Le chien est allé devant la porte. Pourquoi ? Parce que l'objet était protosémantisé. Son propriétaire mettait un chapeau avant de sortir et, en mettant un livre sur la tête, même si c'était une œuvre de Michel Foucault, je signifiais sortir.

Et que se passe-t-il si l'avertissement de Rantanplan n'est pas entendu ?

B. C. — J'ai eu l'occasion de discuter avec des racistes qui rentraient d'une ratonnade. Heu-reux. Ils avaient fait la fête, ils avaient cassé la gueule à un « bougnoule », c'était une bonne journée. Ils répondaient à une représentation coupée du réel sensible. C'est-à-dire que ce « bougnoule », s'ils avaient travaillé avec lui, ils auraient pu être copains. Ils ne répondaient pas à la perception de « bougnoule », ils répondaient à la représentation du « bougnoule », qui vient *« prendre notre travail », « violer nos femmes », « être délinquant »,* etc. Ils étaient dans un monde totalement logique, créé par la parole. Quelle que soit la cible, les Noirs dans les récits du Ku Klux Klan, par exemple, ce sont toujours les mêmes récits, dissociés et coupés de la perception. Voilà ce sur quoi nous alerte Rantanplan. Pas mal non ? •

Un héros middle class

PAR DIDIER PASAMONIK

Surhomme, golem ou messie selon la plume de ses exégètes, le double bodybuildé du binoclard Clark Kent incarne le fantasme de l'assimilation à la nation américaine. Son passeport kryptonien dissimule une extraction polonaise.

Jules Feiffer, le grand *cartoonist* et éditorialiste du *Village Voice,* ancien assistant de Will Eisner *(The Spirit)*, connaissait très bien les créateurs de *Superman*, le scénariste Jerry Siegel et le dessinateur Joe Shuster. Peut-être même parlaient-ils yiddish entre eux. Jerry Siegel, né en 1914 à Cleveland dans l'Ohio, est en effet issu d'une famille d'immigrés juifs lithuaniens (son père se nommait Mikhel Segalovich). Il y rencontre Joe Shuster, qui est également d'origine juive, hollandaise par son père, ukrainienne par sa mère. Selon Feiffer, Jerry Siegel a été le témoin de la naissance aux États-Unis du courant fasciste, violemment antisémite, comme son équivalent allemand. Face aux prêches radiodiffusés du père Coughlin ou aux meetings du Christian Front et de l'America First Commitee, écrit Feiffer, *« il devait avoir l'impression d'appartenir à une autre planète »*.

Comme leurs héros, les créateurs de BD ont été souvent amenés à dissimuler leur identité : Segalovitch devenant Siegel ; Stanley Lieber, Stan Lee *(X-Men, Spider-Man…)* ; Jacob Kurtzberg, Jack Kirby *(Hulk, Thor, Captain America…)* ; Robert Kahn, Bob Kane *(Batman)*. *« Superman était le fantasme ultime de l'assimilation,* raconte Feiffer. *Jerry Siegel et Joe Shuster n'avaient pas les manières délicates, les lunettes et la mise soignée d'un jeune Américain de la bonne société. Sous le masque de ce fichu Clark Kent se dissimulait rien moins que l'"homme d'acier". Ou plutôt l'Américain moyen tel qu'ils le fantasmaient. […] Nous pouvons ainsi découvrir sous un jour nouveau les véritables origines de Superman. Son lieu de naissance n'est plus Krypton. C'était une façade, un faux, un village Potemkine. Superman est en réalité originaire de Pologne, peut-être de Łódź, possiblement de Cracovie ou Vilnius ! »* Notez, on s'en doutait : le nom même de sa planète masquait mal son sens cryptique.

DIDIER PASAMONIK

Né en 1957. Éditeur et directeur de collection, journaliste commissaire d'exposition… il multiplie les activités dans le milieu de la BD. Auteur de *Critique de la bande dessinée pure. Chroniques narquoises, 2005-2007* (Berg international, 2008).

UN JUDÉO-HÉROS ?

Que Superman soit juif, on peut le déduire de ses origines « mosaïques » (son abandon dans une fusée-couveuse évoque le panier d'osier laissé au gré du Nil par Yokébed), du patronyme qu'il portait sur Krypton – Kal-El, vocable d'origine hébraïque, évoque le nom de Dieu –, de son pseudonyme de façade, de son statut d'étranger – extraterrestre – qui lui est rappelé sans cesse, bien qu'il sauve régulièrement l'Humanité, comme dans *The Town That Hates Superman* (juillet 1959), où son effigie est brûlée en place publique par le maire de la ville. Mais ce sont surtout les positions antinazies de *Superman* qui attirent en premier l'attention sur la judéité de leurs créateurs. Dans *Look Magazine,* Jerry Siegel et Joe Shuster montrent leur héros empoignant Adolf Hitler avec une autorité typiquement *« non aryenne »* avant de le mener, lui et son complice Joseph Staline, devant la Société des Nations pour être jugés des *« plus grands crimes de l'histoire moderne »*. En réponse, le journal SS *Das Schwarze Korps* souligna que Jerry Siegel était un *« israélite inventif », « intellectuellement et physiquement circoncis »*.

Selon Umberto Eco, c'est précisément l'altérité de Superman qui lui confère son statut de mythe : *« Le personnage mythologique de la bande dessinée […] doit être un archétype, la somme d'aspirations collectives déterminées, et doit nécessairement s'immobiliser dans une fixité emblématique qui le rend facilement reconnaissable… »* Mais il souligne qu'elle est soumise pour des raisons commerciales aux contraintes de la production *« romanesque »*. Superman ne peut donc être juif. Comment le pourrait-il, alors que la majorité des lecteurs sont des protestants blancs de la côte Est ? Les preuves de son appartenance à l'Église abondent : on le voit prier sous un crucifix (1972), il se marie religieusement (1996) et, lors de son décès (momentané), en 1992, l'enterrement, auquel assiste le président Clinton, présente les apparences d'une cérémonie d'une religion « normale ». Superman n'est pas davantage religieux : Dans *Action Comics* (n° 849, 2007), il raconte à son épouse Loïs Lane qu'il a accompagné sa mère au culte tous les dimanches jusqu'à ses quatorze ans, et qu'il décida d'abandonner ce rituel lorsqu'il s'aperçut qu'il pouvait percer le secret des gens, leurs problèmes et mensonges… Il préféra alors éviter les réunions de fidèles et mit sa foi dans *« le meilleur que l'Humanité avait à offrir. »* Et c'est sans doute la fragilité de ses origines et la disparition de ses parents dans l'explosion de Krypton qui lui font comprendre qu'il n'est pas non plus un dieu et que, selon la formule de Spider-Man : *« Un grand pouvoir implique de grandes responsabilités. »*

En 1985, peu avant qu'ils ne déconstruisent le mythe du superhéros dans *Watchmen* (1986), Dave Gibbons (dessin) et Alan Moore (scénario), s'occupèrent du cas de Superman. Ils imaginèrent Kal-El et son père sur une Krypton qui n'aurait pas été détruite. Dans cette uchronie, le père de Superman apparaît comme le gourou d'une secte, nommée Rao, dont les adeptes portent des coiffes pointues qui évoquent le Ku Klux Klan. Tel un dictateur mettant sa planète en coupe réglée ! En clair, sans l'anéantissement de Krypton, Superman ne serait jamais devenu un mythe. •

SPIDER-MAN ET Mr A

L'homme qui ne doute jamais

PAR TRISTAN GARCIA

L'esprit tourmenté de Steve Ditko, co-créateur de Spider-Man et de Doctor Strange, s'est recomposé pour concevoir l'implacable Mr A, l'homme qui pousse sans fléchir la raison jusqu'à son terminus : la démence logique.

Steve Ditko est sans doute le dessinateur le plus manichéen et le plus complexe de l'histoire de la bande dessinée, un sphinx de papier. Repéré par Marvel alors qu'il réalise des histoires horrifiques pour Charlton Comics, il crée avec Stan Lee deux personnages majeurs : Spider-Man et Doctor Strange, *« maître des arts mystiques »*. Ditko démontre alors son génie pour les vues tarabiscotées, les paysages réticulaires, les supervilains et les contrées irréelles.

Ombrageux, secret, Ditko quitte rapidement Marvel et donne un tour surprenant à sa carrière. Tout en créant des personnages pour Charlton et DC Comics, il illustre pour l'éditeur Warren ces contes dans les magazines *Eerie* et *Creepy*. Ce qui était en germe et en couleurs dans *Dr Strange* bourgeonne ici en noir et blanc : les cauchemars de la raison. Un livre, écrit par un marquis décadent français, provoque les assassinats qu'il prédit. Le miroir d'une chambre d'un hôtel miteux transforme la réalité en reflet fantastique… Alors qu'il est sobre, matérialiste et conservateur, Ditko passe auprès d'étudiants hippies pour un maître du psychédélisme, un visionnaire sous LSD. Il peint une multitude d'univers intotalisables dont la réalité n'est qu'une dimension, décomposable et recomposable par les caprices du possible.

UN "A" QUI VEUT DIRE AYN

Insatisfait, Ditko change sous l'influence de l'écrivain et philosophe Ayn Rand ; il devient un cas rare de mutation idéologique en images. Peu connue ou méprisée en Europe, Ayn Rand est une figure majeure de la vie intellectuelle américaine. Anticommuniste, irréligieuse et individualiste, Ayn Rand défend une épistémologie réaliste et un capitalisme ultralibéral. Héroïsant artistes, entrepreneurs et scientifiques, elle loue les vertus de l'égoïsme, exècre le kantisme, la morale du devoir et voue aux gémonies la dialectique.

Comme pour se soigner de ses visions tourmentées, Ditko illustre l'objectivisme d'Ayn Rand. Il invente d'abord le superhéros The Question ; puis à cette « question », il donne une réponse : Mr A, c'est-à-dire « Mr Answer », l'homme qui ne doute jamais. Quand Rex Graine, journaliste qui se bat contre la corruption, enfile le masque de Mr A, il devient un superhéros et un prédicateur sans pitié qui lutte contre l'esprit de finesse, la nuance et la complexité du réel. Ce sont pour lui comme des ruses du sentiment, qu'il oppose à une raison scindant le monde en deux : vrai ou faux, bien ou mal. *« Les imbéciles vous diront qu'il n'y a pas de noir et de blanc… Que chacun est gris. Mais s'il n'y avait pas de gens noirs et de blancs, il ne pourrait même pas y avoir de gris. Puisque le gris n'est qu'un mélange de noir et de blanc. Ainsi, quand quelqu'un sait ce qui est noir, le mal, et ce qui est blanc, le bien, il ne peut y avoir aucune justification pour choisir la moindre part de mal. »*

L'histoire du jeune délinquant Angel sert de première illustration aux principes de Mr A. Protégé par une éducatrice, Angel se retourne contre ceux qui croient le protéger en l'excusant. Il finit par blesser grièvement sa mère d'adoption. Mr A intervient : Angel est suspendu en haut d'un immeuble, prêt à tomber, la jeune femme a besoin de soins d'urgence. D'une perversité rare, Mr A contraint celle-ci à choisir sa vie contre celle de l'enfant : le superhéros ne peut à la fois sauver Angel et la conduire à l'hôpital. En pleurs, elle préfère « rationnellement » sa survie au sauvetage

« Ordure, tu as trahi le concept même de justice ! », s'exclame en tuant les voleurs le justicier objectiviste Mr A.

du gamin. Dans les dernières images, on entend le cri d'horreur d'Angel qui chute. *« Vous êtes cruel ! », « Je ne me laisse pas abuser par les sentiments. »*

UNE LOGIQUE DÉLIRANTE DE LA RAISON

Dans l'épisode suivant, Mr A annonce au lecteur que *« seuls les imbéciles diront que l'argent est la racine du mal »*. Empruntant à Ayn Rand, Ditko explique que l'argent est un *« outil juste »* pour *« les capacités productives des hommes »*, qui permet leur échange à valeur égale. Le vol : un mal absolu, qui rompt l'échange rationnel. Mr A tue donc les voleurs en s'exclamant : *« Ordure, tu as trahi le concept même de justice ! »* La scène est graphiquement splendide. Ditko ne semble pas percevoir que, poussant la défense de la raison jusqu'au délire, il est en train de créer un monstre. Et quand Mr A assène : *« A est A, une chose est ce qu'elle est, aucun homme ne peut gagner sur tous les plans »*, on dirait que Ditko veut chasser avec rage de son art le spectre de la contradiction qui hantait ses œuvres les plus hallucinées, et dans lesquelles le héros perdait sur tous les plans.

D'une rigidité morale qui confine au robotisme ou au lavage de cerveau, Mr A défend de planche en planche les oppositions entre justice et pitié, consentement mutuel et force, jusqu'à ce chant du cygne tardif : Ditko, devenu un artiste maudit, dessine *Death vs Love-Song*. Là, plus de mots : son manichéisme est purement graphique. La mort est figurée comme une tête blanche sur un corps sculpté dans de la toile d'araignée, la matière de tous les rêves et cauchemars de Ditko.

Le père de Spider-Man est un dialecticien sans porte de sortie : illustrant des contes d'horreur ou élaborant la Dimension de l'Ombre arpentée par Doctor Strange, il est seul capable de donner ses raisons à la folie ; écrivant et dessinant les apologues de *The Question* ou de *Mr A*, il donne corps à une logique démente de la raison, qui n'admet plus ni sentiment ni contradiction. Fou jusqu'à donner raison aux cauchemars, ou rationaliste jusqu'à la pathologie, Ditko rappelle le personnage d'une de ses premières histoires : *« L-Look ! That man ! H-He's turning into his own negative ! »* Cet homme… Il devient son propre négatif !

TRISTAN GARCIA

Écrivain et philosophe né en 1981, il a signé *Forme et Objet* (PUF, 2011), un essai sur la série *Six Feet Under. Nos vies sans destin* (PUF, 2012) et s'apprête à faire paraître son prochain roman, *Faber. Le destructeur*, chez Gallimard. Réfléchit à une ontogénèse de la BD.

Un western sans cadavre

PAR PAUL CLAVIER

Morris et Goscinny disparus, les auteurs légataires de Lucky Luke perpétuent les règles d'un univers ensoleillé et réjoui où la violence est régulée par un solitaire imperméable à la paranoïa sécuritaire. Du goudron, des plumes, pas de macchabée.

Au royaume de la BD grand public, Lucky Luke occupe une place à part. Il est l'un des rares héros qui se soit montré capable de survivre, non sans bonheur, aux décès de son scénariste Goscinny et de son dessinateur Morris. Ce qui ne veut pas dire, loin s'en faut, que Lucky Luke ne doive pas grand-chose à ses créateurs. Bien au contraire. Mais ils ont eu le génie de le créer libre. Après quelques réglages initiaux (les premiers albums ont quelque chose de préhistorique), Morris et Goscinny sont parvenus à installer les *Aventures de Lucky Luke* dans un climat d'évasion, de road-movie ensoleillé, où bagarres, poursuites et malentendus n'ont plus la moindre gravité.

Dans les albums de la maturité, le croque-mort rôde partout pour prendre les mesures de ses clients mais il en est toujours pour ses frais. Les panneaux signalétiques à l'entrée des villes sont menaçants (« Bienvenue à Tortilla Gulch : sa prison, son tribunal, son cimetière ») mais une heureuse maladresse fait que les fusillades, duels et embuscades ne tournent jamais au bain de sang. Morris et Goscinny ont ainsi inventé, après quelques tâtonnements, le *western* sans cadavre. Les frères Dalton sont toujours plus bêtes que méchants, et l'on sait que Joe, roi des occasions manquées, n'arrivera pas plus à « descendre » Lucky Luke que, dans un autre genre, M. de Mesmaeker ne parviendra à signer les fameux contrats avec Prunelle. L'Ouest américain de *Lucky Luke* est celui où la corde du pendu finit toujours par casser. C'est ce qui donne une saveur abolitionniste aux aventures du *cow-boy* solitaire. Les vautours sont les parents pauvres de la série.

UN HUMANISTE NON-COMMUNAUTARIEN

Lucky Luke, c'est d'abord la restitution d'une ambiance, celle de la conquête de l'Ouest : ses caravanes, ses Indiens, ses détachements de cavalerie, ses parties de poker finissant dans le goudron et les plumes, ses *desperados*, ses diligences dévalisées, dont on retrouve les voyageurs en pyjama, ses pénitenciers-passoires, ses inventions (train, télégraphe, etc.), ses touristes (*Le Pied-tendre, Le Grand Duc*). Et, surtout, ses expérimentations en matière pénale, comme les tentatives de réinsertion des Dalton, par exemple sous la tutelle d'un cousin suisse, le banquier Marcel Dalton. On se souviendra de la fameuse cure psychanalytique *(La Guérison des Dalton)* qui déshabille tous les symboles du *western* mais finit en pantalonnade (le psy s'associant aux Dalton pour écumer la région). Il y a aussi leur mise à l'épreuve lorsqu'ils sont présumés amnésiques, qui vaut à Joe Dalton cette réplique au directeur de la prison lui annonçant que lui et ses frères seront néanmoins escortés par Lucky Luke : *« Je proteste ! Nous sommes d'honnêtes amnésiques et cette mise en cause de notre maladie est intolérable ! Je refuse de partir avec cet individu. » (L'Amnésie des Dalton.)*

La philosophie pénale de *Lucky Luke* est profondément généreuse et inoffensive. C'est l'envers systématique de la réalité. Le récent *Lucky Luke contre Pinkerton* (scénarisé par Pennac et Benacquista) révèle la vocation de toujours du héros, qui doit affronter une entreprise sécuritaire, intriguant au plus haut niveau de l'État, en la personne d'un directeur d'agence de détectives qui établit des fiches sur la dangerosité de tous, prône la tolérance zéro et postule *« qu'en tout honnête homme sommeille une canaille »*, de sorte que *« la suspicion devient une priorité nationale »*. Sous les dehors « gentils » d'aventures sans conséquence, le monde de *Lucky Luke* propose bel et bien une subtile mise en cause de la paranoïa sécuritaire de notre temps.

La complainte du cow-boy solitaire (*« I am a poor lonesome cow-boy and a long way from home »*) est l'antithèse du banquet final qui clôt les *Aventures d'Astérix*. Monsieur Luke est un humaniste non-communautarien. Créé libre par Morris et Goscinny, il poursuit son chemin et continue de nous faire rêver d'une violence purement symbolique, à jamais inoffensive. •

PAUL CLAVIER

Philosophe né en 1963, Paul Clavier enseigne à l'École normale supérieure, à Paris. Il a notamment écrit *Dieu sans barbe. Vingt et une questions instructives et amusantes sur la question très disputée de l'existence de Dieu* (La Table ronde, 2002). Il a récemment publié *Qu'est-ce que le créationnisme ?* (Vrin).

Le rire de Goscinny

PAR FRÉDÉRIC WORMS

Castigat ridendo more. Dans la comédie goscinnyenne, le comique châtie bien les mœurs tandis que la sagesse et le courage ordinaire remédient aux troubles apportés dans la communauté. En toile de fond, une esthétique souriante de l'existence.

Une expédition dans les univers d'Astérix, d'Iznogoud, de Lucky Luke et du Petit Nicolas ne suffirait pas pour cerner la philosophie de René Goscinny, mais il faut commencer par là. Ce qui définit la bande dessinée, n'est-ce pas l'alliance du comique (des *comics strips*) et de l'aventure (des super-héros) ? Goscinny, associé à différents dessinateurs, conjugue et exploite ces deux ingrédients à l'extrême. Mais d'autres traits fondent sa singularité et, si l'on veut, son génie (sans que l'on puisse encore parler de philosophie). Entre le comique et l'aventure prend place un troisième élément, indispensable et impalpable, fragile et vital :

l'humour. Goscinny ne néglige jamais les deux premiers et y insère systématiquement le troisième. Du comique, il maîtrise les aspects les plus simples, les plus sommaires et les plus purs : la répétition, la caricature (chaque personnage en est une), le calembour, le *« mécanique plaqué sur du vivant »*, selon la définition du comique de Bergson. Et sous toutes ses formes : comique de gestes, de situation, de mots, de caractère. Il maîtrise aussi, d'épisode en épisode, d'album en album, tous les codes de l'aventure, du feuilleton et du récit : on tremble à l'idée qu'Astérix puisse échouer ou Iznogoud réussir, que les Dalton s'échappent ou que la bagarre autour du Petit Nicolas dégénère. À l'économie du comique et de l'aventure, Goscinny ajoute cependant tout autre chose : l'humour, c'est-à-dire un regard distancié, souvent porté par un animal, Jolly Jumper ou Idéfix, ou par un personnage imperturbable, le calife Haroun el-Poussah ou le Petit Nicolas.

« Le bâton, qui finit toujours par retomber sur le grand vizir Iznogoud, a toute la force du gendarme de Guignol. »

HERGÉ POUR MIROIR INVERSÉ

Rares sont les auteurs qui dosent à la perfection ces trois ingrédients, comme le montre, quel que soit leur talent, l'échec des continuateurs des séries où brillait Goscinny après sa mort. Un autre grand de la BD, profondément différent, maîtrise aussi cette alchimie : ce miroir inversé, c'est bien sûr Hergé. Ce qui les oppose ? En apparence rien, tout en réalité : l'ordre ou, si l'on veut, la priorité entre les trois ingrédients. Hergé va de l'aventure au comique en passant par l'humour : une aventure de Tintin commencera par un événement, souvent dramatique, y apportera une dose d'absurde, puis le comique avec les Dupond/t, le capitaine Haddock, voire l'assureur Lampion. Goscinny, à l'inverse, part du comique. Dès la page de garde, où sont présentés les personnages, dès la première scène, le comique est là. C'est ensuite seulement qu'il introduit la distance de l'humour. Alors peut démarrer l'aventure, c'est-à-dire aussi l'héroïsme et le courage. *Primum ridere*, d'abord rire, pourrait-on dire en parodiant, le confirmant, un proverbe latin célèbre (*Primum vivere* : d'abord vivre) – cela n'aurait sans doute pas déplu à ce fier latiniste des pages roses du Larousse.

Nous arrivons maintenant au cœur de la question. À eux seuls, le comique, l'humour et l'aventure ne permettront pas de parler d'une philosophie, même par leur plus géniale combinaison. Il en faut plus. Chez Goscinny, chacun de ces trois éléments possède une dimension critique : il s'oppose à quelque chose, dénonce quelque chose chez l'homme. Corollaire, il s'oriente – et nous oriente –, il valorise autre chose par sa critique. Ces refus et ces aspirations fondent non seulement l'art de ses bandes dessinées, mais aussi une sagesse.

À quoi s'oppose d'abord le comique, que punit-il, comme, dans l'adage ancien, la comédie « châtie les mœurs » ? Chez Goscinny, le comique châtie les vices les plus ordinaires comme les plus graves : méchanceté, lâcheté, violence et délire de puissance avant tout. Un méchant survient-il ? Toute la ville de *western* se prosterne et s'avilit, et le village gaulois est prêt à sombrer dans la zizanie ou la discorde. Mais le bâton, qui finit toujours par retomber sur Iznogoud, possède la force du gendarme de Guignol. Goscinny dénonce continûment les travers qui nous déchirent, de la morale à la politique (sans négliger les allusions à son époque) en nous faisant rire. C'est notre Molière.

À quoi s'oppose l'humour, ensuite ? Nous dirions qu'il s'agit des *« petites différences »*, dont Freud a dit qu'elles pouvaient engendrer elles aussi les pires conflits. Astérix ne parcourt pas, comme Tintin, des continents lointains. Il explore les voisinages, dans le village, en Gaule, et découvre enfin les peuples et contrées jouxtant la Gaule : Hispanie, Helvétie, Belgique ; Goths, Normands, Corses. L'humour désamorce ces différences dont Goscinny sait qu'elles sont explosives. De même entre les métiers, les caractères et les styles. C'est matière à fable et à moralité. C'est notre La Fontaine.

LA SÉRÉNITÉ DU JUSTE

L'aventure, enfin, s'oppose chez lui au découragement et à la passivité, elle redonne confiance ; et le héros, même quotidien, même involontaire, est renforcé en nous sans grande pompe. L'ingéniosité d'Astérix ne serait rien sans son indignation et son courage ; l'ingéniosité d'Iznogoud n'empêchera jamais le calife de s'en tirer sans jamais agir ; Lucky Luke, plus qu'un justicier, est un juste. Et le Petit Nicolas, tout aussi imperturbable, est le contraire du solitaire : il traverse et relie les mondes de la vie, la famille, de l'école, et la bande de copains. Ce n'est pas la pureté de Tintin face aux puissances du Mal à l'œuvre dans le monde, mais le courage de chaque matin face à des forces qui s'opposent en chacun.

Ce que Goscinny dessine et inspire ainsi, c'est une sagesse affrontant des risques qui, pour être humains, n'en sont pas moins graves. Il y fallait bien un répertoire nouveau de la comédie, elle aussi « humaine », un inventaire et un bêtisier des querelles de clocher, une palette de héros solitaires, il y fallait les ressources du comique le plus simple, de l'humour le plus fin, des aventures les plus inattendues. Il a créé des jeux de mots, un style d'humour, et des mythes. En filigrane, une jolie philosophie de la vie. •

FREDERIC WORMS

Né en 1964, Frédéric Worms est professeur de philosophie à l'université de Lille-III et directeur du Centre international d'étude de la philosophie française contemporaine à l'École normale supérieure (Paris). Spécialiste de Bergson, il est l'auteur de *La Philosophie du XXe siècle en France. Moments*. Il a signé en 2012 *Revivre - Éprouver nos blessures et nos ressources* (Flammarion) et vient de faire paraître *La vie qui unit et qui sépare* (Manuels Payot).

L'alchimie de *La Zizanie*

PAR FRÉDÉRIC WORMS

***La Zizanie* est un des albums d'*Astérix* les plus révélateurs du tandem Goscinny-Uderzo.** Sous le comique, le danger; sous le danger, la ressource. Le tout exprime une philosophie des relations humaines et de ses fragilités dont le rusé méchant peut abuser jusqu'à la tragédie (Detritus confine à Iago!), mais aussi la force, et même le fondement moral, de relations vivantes que le malin héros peut restaurer sans magie.

Voici donc Tullius Detritus, engagé par César pour semer la zizanie et *« l'horrible visage vert de la discorde »* parmi les Gaulois. Le bonhomme est surdoué : sans qu'il ne pipe mot, les Romains s'écharpent sur son passage. La discorde, le soupçon, la rumeur sont dénoncés à travers un comique qui se propage mécaniquement, dévastateur chez ceux dont on rit et hilarant pour ceux qui en rient. Plaisir en surface, critique en profondeur, le mécanisme comique fondamental y repose ici (comme toujours) sur le nom, Detritus, et la contagion du vert, qui gagne les mots dans les bulles.

LE TROISIÈME DEGRÉ DE LA PHILOSOPHIE

Au comique, qui est distance, doit se joindre l'aventure qui est empathie, sympathie. Pour les Gaulois, le danger est redoutable : confrontés au poison de la rumeur, comment vont-ils employer la potion magique ? Se laisseront-ils diviser et détruire ?

César n'est pas en reste. Ici, c'est lui, curieusement, qui détient une petite part de la sagesse qui est au fond l'horizon ultime de Goscinny. Comme Astérix et Panoramix, côté Gaulois, qui en sont les véritables dépositaires, il ne se laisse pas piéger par le comique. À un instant d'égarement près (*« Naïf ? moi ! »*), il est le seul Romain à résister d'emblée au piège de Detritus. Ainsi se dessine une philosophie, un troisième degré de la philosophie (dans le pouvoir et dans la ruse) à laquelle répond celle (plus profonde encore, dans sa simplicité) des héros gaulois : Astérix et Panoramix prendront Tullius Detritus à son propre piège.

L'humour prodigue une leçon qui déborde celles du comique et de l'aventure, mais s'appuie sur leurs ressorts. Goscinny maîtrise ce que Pascal appelait *« l'art de persuader »*. La bande dessinée n'illustre pas chez lui une philosophie. Elle déchiffre, à même les corps et les histoires, notre condition. •

POURQUOI TANT DE HAINE ?

Comment la bande dessinée s'est elle saisie des horreurs de la Seconde Guerre mondiale? Comment traite-t-elle de la question du mal et de la mémoire? Quelques éléments de réponse à travers *Master Race,* la première (avril 1955) à parler des camps d'extermination, *Maus,* de Art Spiegelman, et *Gen d'Hiroshima,* qui raconte l'histoire d'une famille japonaise pendant et après l'explosion de la bombe Little Boy. En prime, une histoire complète droit issue de l'Amérique *middle class* et impériale des années 1950 : maris traqués et *desperate housewives* en période de guerre froide.

Échos douloureux de la Seconde Guerre mondiale, *Master Race*, *Maus* et *Gen d'Hiroshima* participent, en leurs temps respectifs, d'une même entreprise de reconquête de la mémoire après l'horreur. Et chacune à sa manière offre un chemin pour se réapproprier l'histoire avec un grand H.

Après Auschwitz et Hiroshima

PAR AGNÈS GAYRAUD

Master Race, Maus **ou** ***Gen d'Hiroshima*** ne font pas de l'Histoire un simple cadre pittoresque: elle est le cœur problématique de leur narration. Ces trois grandes bandes dessinées ont marqué la représentation de l'époque. *« Le sujet de* Maus, *écrit* Art Spiegelman, *c'est la récupération de la mémoire et, en fin de compte, la création de la mémoire. »* À mille lieues d'une logique d'illustration de l'Holocauste – problématique en soi – la bande dessinée telle que la conçoit l'auteur de *Maus* est un *« modèle de la manière dont le cerveau formule idées et souvenirs »*. En découpant le temps, en véhiculant foule d'informations visuelles, la case, la bande, la planche deviennent les supports structurels d'une reconquête de la mémoire et, par elle, d'une réappropriation de la grande Histoire.

1955 *Master Race*

Bernard Krigstein

Dessinateur chez EC Comics, spécialisé dans le genre horrifique, Bernie Krigstein cherche dès les années 1950 à donner aux *comics* une ambition littéraire, évoquant Tchekhov comme modèle de raffinement psychologique. Son œuvre la plus marquante (sur une histoire d'Al Feldstein) est *Master Race* – ou l'ultime course d'un rejeton de la « race des maîtres », mise en scène graphique de la chute d'un ancien dignitaire nazi dans les profondeurs de sa culpabilité. En huit planches où s'intensifie le bourdon d'une voix *off* qui prend à partie le personnage jusqu'à le conduire à l'effondrement, les parallèles se dessinent entre le métro new-yorkais et les trains de la mort, entre la déshumanisation des Juifs à laquelle il a contribué et son paisible anonymat dans le monde libre de l'Amérique.
Dans les reflets où se démultiplient des silhouettes identiques à chapeaux et manteaux longs, l'ancien nazi croit reconnaître l'une de ses victimes et bascule dans la paranoïa. Au fil des cases, de plus en plus étroites, où le rythme (cardiaque) s'accélère, Krigstein réussit le tour de force de représenter, dans la forme traditionnelle des *comics*, une Amérique où remonte à la surface ce qu'elle devait permettre de refouler: *« Even if you got somehow to America, you never forgot, did you ? »* •

Co-Mix Poster - Self-portrait with Maus mask © Art Spiegelman, 1989

1981-1991 *Maus*
Art Spiegelman

Après vingt années consacrées à la recherche de témde plans et de photographies sur la réalité de l'H Spiegelman a trouvé la forme de son récit dans l'intimit gue renoué, par-delà la culpabilité, avec un père vieilliss riâtre, mais soudain prêt à raconter l'histoire qu'il a vécu et profonde, l'œuvre recourt aussi bien à la tradition de sur bois expressionniste qu'au zoomorphisme des illustra enfants. Spiegelman détourne ainsi l'odieux bestiaire tures antisémites. Il prend au mot la phrase d'Adolf Hitl exergue, selon laquelle *« les Juifs sont indubitablement une ils ne sont pas humains »*: le prédateur nazi est un chat rat, et le Polonais un porc.

Sous le masque d'espèces non humaines, le dessin de S épouse le destin originel de la bande dessinée qui était de aux enfants, et le réoriente vers la conscience adulte. Il rév la violence historique de la déshu des Juifs et la difficulté intime de cation entre les pères et les fils he mémoire d'événements qu'ils vécus. Depuis Spiegelman, la b née, par ce qu'elle a d'enfant d'exprimer l'Histoire adulte dans de ceux qui sont nés « après ». •

1973 *Gen d'Hiroshima*
Keiji Nakazawa

C'est l'expérience directe du bombardement du 6 août 1945 qui inspire à Keiji Nakazawa les dix tomes de *Gen d'Hiroshima*. Tiré d'un premier court récit publié en 1972, intitulé « Je l'ai vue », cette œuvre quasi autobiographique décrit le destin de la famille Nakaoka, dont le père, un antimilitariste convaincu, refuse de se soumettre à la pression nationaliste. Mais la guerre est bien là, dans la haine qui oppose les voisins, dans la terreur des bombardements, dans le quotidien d'enfants et d'adultes affamés. Sous un soleil de plomb, qui se transforme bientôt en une bombe infernale, Gen voit mourir toute sa famille.

Le dessin un peu grimaçant de Nakazawa, à la fois « mignon » et maladroit, offre une représentation aussi abrupte que saisissante de l'horreur pure: des enfants arrachant de leurs dents les doigts du chef du quartier; une petite fille au visage grêlé d'éclats de verre; un cheval prenant feu…

Le thème de la culpabilité, dominant chez Spiegelman ou Krigstein, est ici absent, éclipsé derrière l'urgence de dénoncer les crimes commis de part et d'autre. C'est cette soif de justice et un certain idéal de courage qui font de *Gen d'Hiroshima* une œuvre paradoxalement optimiste. •

HÉ, VOUS !
NE VOUS SUICIDEZ PAS
VOS PARENTS SERAIENT BOULEVERSÉS :
Snif ! 5000$ pour l'enterrement de ce crétin !
Pfff ! on peut dire adieu à notre croisière aux Bahamas !
VOTRE AMANTE (OU VOTRE ÉPOUSE [OU LES DEUX]) SERAIT TRAUMATISÉE :
Snif ! il va me falloir des jours... peut-être même des SEMAINES... avant de m'envoyer en l'air à nouveau...
VOS AMIS, VOS CONNAISSANCES ET VOS COLLÈGUES SERAIENT GÊNÉS :
Hé, t'sais que ce... comment-y-s'appelle-déjà- s'est fait péter le caisson hier ?
Et alors ?
On s'en branle !
TRAVAILLER TUE
ET EN PLUS, LES GENS FOUILLERONT VOS AFFAIRES :
Regarde ce que j'ai trouvé dans son portefeuille : une capote périmée !
Écoute ce poème écrit dans son journal intime : "Perdu dans l'illusion, regard dans le miroir/Que faire maintenant, seul dans le noir ?/C'est une petite révolution de la pensée/Quand vous cherchez ce qui est si difficile à trouver." HAHAHAHA !
Dieu merci, il est mort !
© 1995 par ivan Brunetti

Les paumés de la BD américaine

PAR ROLAND JACCARD

Une sexualité misérable, une misanthropie galopante et une déprime structurelle forment le fertile terreau autofictionnel des Ivan Brunetti, Daniel Clowes, Joe Matt et Adrian Tomine, quatre *teenagers* invétérés que Roland Jaccard nous invite à découvrir. Si la filiation avec Charles Schulz et Robert Crumb est avérée, Cioran n'est pas loin.

Mon penchant irrépressible pour toutes les formes de nihilisme et de déviation mentale m'a conduit, dès son premier fascicule, dans l'univers très particulier d'Ivan Brunetti. *Où donc Shermy s'en est allé ?* est un hommage à Charles Schulz, chantre des décadences : décadence de l'empire romain, décadence d'Hollywood, décadence de la sexualité. Bref, aux yeux de Brunetti, Schulz était le Marlon Brando de la BD. Comble des combles, Brunetti, en quelques cases de *comic strips*, se livrait à de minuscules biographies de personnages que je chérissais particulièrement : Kierkegaard, Huysmans, Louise Brooks, Mondrian… et même Françoise Hardy. Il annonçait d'emblée la couleur : la bande dessinée te détruira.

« *L'horreur de vivre, tout simplement* », comme il le répète volontiers, c'est son truc. Il l'a développé de long en large dans son chef-d'œuvre : *Misery Loves Comedy* (pas de souci, ça existe en français). Vous trouverez difficilement un livre plus dingue, plus radical, plus apocalyptique, plus drôle… qui s'ouvre sur ces mots : « *Pourquoi chaque personne dans le monde pourrait disparaître instantanément de la surface de la Terre, et je ne daignerais même pas me retourner, même si cela faisait un bruit immense. Je vous hais. Je vous hais TOUS.* » Belle profession de foi, superbement mise en images et philosophiquement argumentée par Ivan Brunetti, qui possède la violence d'un Ladislav Klíma et l'humour d'un Cioran.

ASOCIALITÉ DOULOUREUSE

Ivan Brunetti est aussi un puits de science, qui a publié en deux volumes de 500 pages, *An Anthology of Graphic Fiction, Cartoon and True Stories* (Yale University Press). J'y ai croisé pas mal de personnes que j'ai connues de leur vivant, comme les psychiatres Ronald Laing ou Thomas Szasz et même Richard Brautigan. C'est ce qu'il y a de bien en vieillissant : on finit tous (enfin, ceux qui le méritent) en personnages de bande dessinée. Mon enthousiasme pour Brunetti que je considère aujourd'hui – mais demain ça peut changer – comme le plus dégueulasse des philosophes vivants, donc le plus intéressant, ne m'empêche pas d'admirer quelques-uns de ses compères de la bande dessinée américaine actuelle. À commencer par Daniel Clowes, Adrian Tomine ou Joe Matt. À leur manière, ce sont tous des paumés, à la vie sexuelle ratée, à la misanthropie galopante et à la déprime jubilatoire. Le titre d'un des meilleurs livres de Joe Matt, *Le Pauvre Type,* en dit long sur ces *teenagers* incorrigibles, marqués par Robert Crumb, qui écrivait d'ailleurs à Joe Matt : « *Exactement ce qu'il nous fallait – un cartoonist refoulé, obsédé et ancien catholique de surcroît. Je meurs d'impatience de voir la suite… Et que Dieu te vienne en aide !* » Viendra-t-il en aide à Adrian Tomine, qui ouvrait ses *32 Histoires* autofictionnelles par cet aveu : « *Déjà, au lycée de Sacramento, j'étais douloureusement conscient de mon indifférence à toute forme de vie sociale.* » Ce qui ne l'a pas dissuadé de s'emmêler les pinceaux dans d'improbables opérations de séduction, à savourer dans *Blonde platine.* Salinger et Carver l'auraient aimé, disent ses fans. Et j'en suis un. Cela devrait suffire pour vous inciter à le lire.

Enfin, pour ne pas donner l'impression d'avoir été soudoyé par Brunetti, Matt ou Tomine, je m'arrêterai là. D'autant plus que Daniel Clowes tout le monde le connaît. Et si ce n'est pas le cas, comme le dirait Brunetti, c'est que vous n'êtes, vous qui me lisez, qu'une bande d'attardés génétiquement ravagés par le conformisme ambiant et l'incuriosité. Ne comptez pas sur moi pour vous donner l'illusion que vous vous en tirerez sans dommage. Et ne m'accablez pas davantage en prétendant n'avoir pas vu *Ghost World* ou *Art School Confidential,* mis en scène au cinéma par Terry Zwigoff. Votre cas serait désespéré… Pour avoir un vague aperçu de ce qui vous attend, reportez-vous à *Wilson*, un des derniers livres de Daniel Clowes. •

PAR DANIEL ADJERAD

Les contes noirs de l'oncle Sam

Les *comics* basculent au début des années 1950 dans le registre du monstrueux. Les thèmes de l'enfermement et du double maléfique, récurrents dans ces récits noirs, y font écho à la guerre froide et au maccarthysme. Tensions, violence, damnation.

Mercredi 21 avril 1954. Dans le cadre d'une enquête sur la délinquance juvénile aux États-Unis, William Gaines, patron de la maison d'édition EC Comics, est entendu par le Sénat. Ses publications, tirées à plus de deux millions d'exemplaires chaque mois, sont visées par les attaques à répétition d'un psychiatre renommé : Fredric Wertham, horrifié que l'on puisse faire du profit en pervertissant la jeunesse innocente, a fait campagne pour que les *comics « obscènes »* soient alignés sur le banc des accusés. Soupçonné d'accoutumer insidieusement la nouvelle génération à la violence, William Gaines se présente en témoin volontaire face à ses juges.

La scène est plutôt cocasse. Balayant l'approche économique, morale et sociologique de ses adversaires, le patron d'EC Comics affirme que ses *comics* sont d'abord des œuvres d'art. Des œuvres plutôt de *« bon goût même, enfin ce qu'il considère comme du bon goût »*. Outré, le sénateur Kefauver brandit alors une couverture affichant une femme décapitée et lui demande avec rage comment on pourrait faire pire. William Gaines ne cille pas. Expliquant, non sans un certain humour, que le mauvais goût aurait été de situer la tête décapitée plus en hauteur sur la page (ce qu'il avait d'ailleurs refusé), il se félicite même du dessin ! William Gaines avait-il perdu la tête ? Ou l'avis des détracteurs des *comics* n'était-il pas trop tranché ?

Rétrospectivement, on ne peut qu'être frappé par l'audace de William Gaines et d'Al Feldstein, les animateurs d'EC Comics. Tout en nous plongeant dans l'atmosphère américaine de l'après-guerre, EC Comics développa de 1950 à 1954 une œuvre d'une grande cohérence. Le premier thème récurrent, c'est d'abord celui du double. Visuellement, la ligne originellement enfantine des *comics* s'est comme dédoublée. Devenue plus réaliste, et monstrueuse, elle dynamise à présent des histoires terrifiantes où les paires pullulent. Jumeaux, sosies, siamois ou maisons voisines, c'est toute une galerie de personnages (ainsi qu'une topologie) qui incarnent cette question du double maléfique. Ce thème fait d'ailleurs écho au contexte historique : à cette guerre froide où l'URSS (ce jumeau malfaisant possédant lui aussi la bombe atomique) donne des sueurs froides aux États-Unis ; et au maccarthysme, cette terrible chasse aux sorcières qui va jusqu'à les faire tourner en rond sur leur propre territoire, à la recherche du poison intérieur.

Le deuxième thème, c'est précisément celui de l'enfermement. L'ennemi étant à la fois extérieur et intérieur. Ce sont, par exemple, les femmes assignées au foyer qui maudissent leurs maris, les vilipendant dès qu'ils rentrent et les rendant responsables de leur propre situation. Ce sont aussi des hommes du monde qui se sentent pris au piège par ces femmes d'intérieur. Alors, souvent, les personnages d'EC Comics perdent pied. Ils se laissent entraîner par la première idée tordue qui pourrait les sauver, et ne cessent de conclure des contrats diaboliques qui les damnent d'avance. Les récits montrent alors comment cette idée tordue entraîne inexorablement les personnages vers le fond : jusqu'au dénouement final, ce *« twist »* inattendu qui précipite l'histoire vers l'horreur. Au final, le lecteur est parcouru d'un frisson face à ce qui advient ; et son ricanement effrayé fait écho au rire diabolique de l'histoire.

En ce sens, EC Comics est une formidable entreprise de détournement du *comics* originel. À la ligne drolatique des premiers récits qui nous pliait en deux, William Gaines et ses artistes ont substitué une ligne tordue et tragique qui entraîne les protagonistes vers le monstrueux. L'idée n'est d'ailleurs pas de se complaire dans la violence, mais de montrer comment cette dernière poursuit diaboliquement celui qui l'a, une fois, utilisée. En ce sens, l'humour noir d'EC Comics est aussi cathartique. Il permet au lecteur (adulte ou enfant) de frissonner avec les monstres, sans lui-même en devenir un. Avec l'effroyable petit récit des pages suivantes, entrez à votre tour dans l'antichambre de l'horreur… •

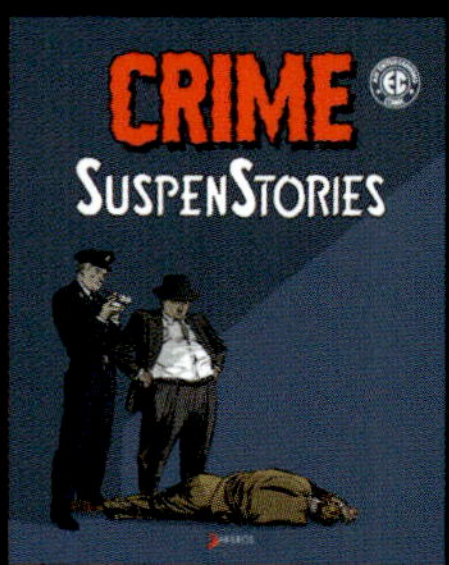

Crime SuspenStories, dont est tiré le *comics* qui suit, est une anthologie des plus belles planches d'EC Comics consacrées à la violence criminelle.

L'inversion
7
9
EDWIN LAMBERT CLAQUA LA PORTE DE SON PAVILLON ET SOUPIRA! IL REMPLIT SES POUMONS DE L'AIR FRAIS DU MATIN ET JETA UN BREF REGARD À LA PORTE DU PAVILLON MITOYEN! EDWIN SE DEMANDA SI LES CROSBY AVAIENT ENTENDU LA DISPUTE QU'IL VENAIT D'AVOIR AVEC SA FEMME! LES MURS ÉTAIENT SI FINS...
TOUJOURS À ME FAIRE DES REPROCHES! ÇA N'ARRÊTE JAMAIS!
EDWIN LAMBERT VIVAIT AVEC SA FEMME, ELSA, AU NUMÉRO 9 SUR BEACH ROAD! SES VOISINS, LES CROSBY, OCCUPAIENT LE BÂTIMENT MITOYEN, AU NUMÉRO 7! SANS LE NUMÉRO DE MÉTAL ACCROCHÉ SUR LES PORTES, IL SERAIT DIFFICILE DE DIFFÉRENCIER LES DEUX MAISONS.
JE CROIS QUE JE VAIS ALLER AU CINÉMA CE SOIR! VU COMMENT ELSA EST ÉNERVÉE APRÈS MOI, IL VAUT MIEUX QUE JE RENTRE LE PLUS TARD POSSIBLE!
1

IL ÉTAIT MINUIT PASSÉ QUAND EDWIN ARRIVA SUR LE CHEMIN QUI MENAIT AUX NUMÉROS 7 ET 9 SUR BEACH ROAD ! ALORS QU'IL SE TENAIT DEVANT SA PORTE, LE NUMÉRO 9, À CHERCHER SES CLÉS, IL ENTENDIT DES VOIX VENANT DE LA MAISON DES CROSBY...
Z'AVEZ UNE PHOTO D'VOT' FEMME, POUR QUE MON GARS PUISSE LA R'CONNAÎTRE ?
EDWIN S'APPROCHA DE LA PORTE DES CROSBY POUR ÉCOUTER...
NON, JE N'EN AI PAS !
EH BEN, COMMENT Y VA SAVOIR S'IL A BUTÉ LA BONNE NANA ?
IL SAURA ! ELLE SERA SEULE DANS LA MAISON ! JE M'EN ASSURERAI ! SOUVENEZ-VOUS ! C'EST LE NUMÉRO 7 ! NE FAITES PAS D'ERREUR !
PAS DE SOUCIS ! JEUDI SOIR... À NEUF HEURES ! C'EST ÇA ?
EDWIN LAMBERT ÉTOUFFA UN CRI ! IL N'EN CROYAIT PAS SES OREILLES...
MAIS... C'EST HARRY CROSBY ! JE RECONNAIS SA VOIX ! IL... IL PRÉPARE LE MEURTRE... DE SA FEMME !
VOILÀ L'ARGENT ! MILLE... C'EST BIEN ÇA ?
EDWIN SE GLISSA CHEZ LUI AU MOMENT OÙ LA PORTE DU NUMÉRO 7 S'OUVRIT...
BONNE NUIT !
BONNE NUIT ! VOUS EN FAITES PAS, M. CROSBY ! MON GARS VA S'OCCUPER DE TOUT !
À L'INTÉRIEUR DU NUMÉRO 9, EDWIN REPRENAIT SON SOUFFLE...
JE... JE N'IMAGINAIS PAS ! COMME C'EST FACILE ! FACILE !
C'EST TOI, EDWIN ?
ELSA, LA FEMME D'EDWIN, APPARUT AU SOMMET DES MARCHES ! SON VISAGE ÉTAIT ROUGE DE COLÈRE...
OUI, ELSA ! C'EST MOI !
OÙ ÉTAIS-TU DONC PASSÉ ? TU AURAIS PU AU MOINS TÉLÉPHONER ! TU NE MANQUES PAS DE TOUPET... PASSER LA NUIT DEHORS PENDANT QUE JE RESTE À LA MAISON...
2

164 | Crime SuspenStories

165 | Crime SuspenStories

166 | Crime SuspenStories

A NEUF HEURES, UNE ELSA LAMBERT ÉBAHIE SE RETROUVA DEVANT LE CANON D'UN 45! ELLE REGARDA HORRIFIÉE L'ÉTRANGER AU VISAGE PATIBULAIRE APPUYER SUR LA GÂCHETTE! L'EXPLOSION ÉCLATA À TRAVERS LA MINCE PAROI QUI SÉPARAIT LES DEUX MAISONS...
QU'EST-CE QUE C'ÉTAIT? ON AURAIT DIT UN COUP DE FEU!
CE N'ÉTAIT... RIEN, MME CROSBY! JUSTE UN BRUIT DE MOTEUR DANS LA RUE!
EDWIN SOURIT INTÉRIEUREMENT! SON PLAN AVAIT MARCHÉ! LE TUEUR ÉTAIT VENU AU "NUMÉRO 7" ET AVAIT ACCOMPLI SA MISSION! ELSA ÉTAIT MORTE!
ÉTRANGE! HARRY AVAIT PROMIS D'APPELER!
JE VAIS ATTENDRE, MME CROSBY!
BIEN SÛR QU'EDWIN ALLAIT ATTENDRE! MME CROSBY SERAIT SON ALIBI! QUELQU'UN AVAIT TUÉ ELSA PENDANT QU'IL ÉTAIT AVEC MME CROSBY CHEZ ELLE DEPUIS NEUF HEURES MOINS DIX! C'ÉTAIT PARFAIT...
JE PEUX VOUS OFFRIR QUELQUE CHOSE, M. LAMBERT?
EH BIEN, JE VEUX BIEN UN VERRE DE BIÈRE!
MME CROSBY SE LEVA...
J'AI DES CANETTES À LA CAVE! JE VAIS VOUS EN CHERCHER UNE!
C'EST TRÈS GENTIL DE VOTRE PART, MME CROSBY!
MME CROSBY DISPARUT DANS LA CUISINE ET EDWIN L'ENTENDIT DESCENDRE LES MARCHES DE LA CAVE! IL COMMENÇA À RIRE! SOUDAIN, LA PORTE S'OUVRIT! UN HOMME SE TENAIT DANS L'ENTRÉE... UN REVOLVER À LA MAIN...
QU...QU...QU'EST-CE QUE VOUS VOULEZ?
Z'ÊTES EDWIN LAMBERT, PAS VRAI ? VOT' FEMME M'A ENGAGÉ POUR VOUS FAIRE SAUTER LA CERVELLE!
ALORS C'EST POUR ÇA QU'ELSA VOULAIT PARTIR CE SOIR! C'EST POUR ÇA QU'ELLE M'A DONNÉ L'ORDRE DE RESTER À LA MAISON ET DE SURVEILLER LA CUISSON...
NON! ATTENDEZ! VOUS ÊTES DANS LA MAUVAISE MAISON! JE M'APPELLE... CROSBY... HARRY CROSBY! LES LAMBERT SONT DANS LA MAISON D'À CÔTÉ!
NUMÉRO NEUF! C'EST C'QU'ELLE M'A DIT! NUMÉRO NEUF... TU VOIS?
9
LE COUP DE FEU RÉSONNA DANS LA MAISON DES CROSBY! EDWIN TOMBA PAR TERRE! LE TUEUR SE TENAIT AU-DESSUS DE LUI...
C'EST QUOI TON PROBLÈME, MON GARS? TU CROIS QUE J'SAIS PAS LIRE? NUMÉRO NEUF QU'ELLE A DIT! C'EST BIEN LE NUMÉRO NEUF!
9
QUE DIT LE POÈTE? LES PLANS LES MIEUX CONÇUS DES SOURIS ET DES HOMMES SOUVENT NE SE RÉALISENT PAS? PAUVRES EDWIN ET ELSA LAMBERT! LEURS PLANS ONT TOURNÉ AU VINAIGRE! ET ATTENDEZ UN PEU QU'HARRY CROSBY RENTRE! IL VA ÊTRE BIEN SURPRIS! IL VA FALLOIR QU'IL RECOMMENCE TOUT!
FIN

SOMMES-NOUS MAÎTRES DE NOS DESTINS ?

De Gaston Lagaffe aux héros du plus grand *mangaka* japonais, Osamu Tezuka, en passant par les aventures d'une Bovary contemporaine, on s'interroge dans cette partie sur la délicate question du déterminisme – ou non – de nos vies. La philosophe Agnès Gayraud nous fait découvrir l'œuvre immense du Hergé japonais et un spécialiste de Flaubert, Yvan Leclerc, examine le destin de Gemma Bovery. Pour faire bonne mesure, le psychanalyste Serge Tisseron scrute avec passion l'empathie envers les objets dans le monde de Gaston.

Gemma Bovery, c'est elle

PAR YVAN LECLERC

Avatar contemporain de Madame Bovary, la Londonienne Gemma Bovery chasse en Normandie son ennui, décorant et redécorant son corps et son habitat. Jusqu'à disparaître. Un flaubertien est allé à sa rencontre.

Il est rare qu'un personnage de roman soit érigé en un type universel, incarnant un style de vie. Ce fut le destin de l'héroïne de Flaubert, à l'origine de la définition du bovarysme par Jules de Gaultier : « *La faculté départie à l'homme de se concevoir autrement qu'il n'est.* » Le bovarysme vise une manière d'être, ou de ne pas être ce qu'on est ; mais ce désir d'être autre passe surtout, chez le personnage éponyme, par le désir d'avoir ce qu'elle n'a pas. C'est la première héroïne romanesque de la société de consommation, qui aspire à un surcroît d'être (un supplément d'âme) par l'accumulation des objets. Avec *Madame Bovary*, l'objet entre dans le roman. Certes, il y a des objets avant 1857, dans les natures mortes, les vanités, et les œuvres qui préfigurent ce qu'on appelle le réalisme, chez Balzac par exemple. Mais les objets représentés ont alors une fonction, une utilité, un sens : ils indexent l'être. Dans le roman flaubertien, l'objet, ou mieux la chose, objet sans qualité, vaut pour lui-même ; il s'émancipe, devient la totalité de l'être. Proust avait perçu cette « révolution copernicienne » : chez Flaubert, dit-il, l'objet devient sujet.

ARRÊTS SUR OBJETS, SUJET EXPROPRIÉ

Posy Simmonds rend admirablement cet univers d'objets dans *Gemma Bovery*, adaptation anglaise (initiales GB) de *Madame Bovary*. Il ne s'agit pas d'une bande dessinée illustrative, mais d'un roman graphique qui transpose l'action dans la Normandie d'aujourd'hui, où une petite-bourgeoise londonienne en quête d'authenticité rurale vient s'installer. Le narrateur impersonnel de Flaubert cède la place à deux récits à la première personne : c'est le boulanger de Bailleville, Raymond, qui raconte rétrospectivement l'histoire de Gemma, en citant (en italique dans le texte) des fragments de son journal intime, volé après sa mort.

Emma faisait des courses, dépensait l'argent du ménage en achetant les nouveautés du marchand Lheureux. Gemma fait du *shopping*. Après son premier amant, elle change de corps et de décor. Elle troque le pantalon et les baskets pour une minijupe et des escarpins, regarde les sous-vêtements. Comme le roman, le récit graphique ne raconte pas l'histoire continue d'une vie, mais il enchaîne les pauses descriptives, des arrêts sur objets qui s'autonomisent, comme des fétiches : à côté du rouge à lèvres ouvert et du mascara, la chaussure marche sur la vignette, sort du cadre comme un *insert* à grande échelle : l'objet s'impose. La carte Visa aussi, démesurée, est fichée en coin dans le dos de la jeune femme qu'elle courbe sur des échantillons de tissus.

L'argent circule dans le texte, en chiffres : les gains de Gemma, ses dépenses. En passant du corps au décor, le personnage s'estompe, fine silhouette devant la vitrine d'une brocante, ou s'encadrant dans la porte de la maison à colombages dont elle expulse le mobilier rustique. Dans le nouvel aménagement, le personnage de Gemma a totalement disparu : il ne reste que les meubles et le chien, comme sur un catalogue de vente par correspondance. Le texte dit qu'elle a confectionné le nouveau décor, mais le dessin ne montre que la machine à coudre, sans la couturière. Le lit de la chambre d'amis ne sera défait par aucun invité : le règne de l'objet a définitivement exproprié le sujet humain. Les seuls personnages qui restent sont en représentation sur le motif de la toile de Jouy, un aimable mélange d'aristocrates et de paysans.

La vie de Gemma consiste à passer d'un style à l'autre : du « style agripauvre », caractérisé par une collection d'objets en vrac qui sursignifient la rusticité, au style « Liaisons dangereuses à la suédoise », la toile de Jouy, par un jeu de mots que n'aurait pas désavoué Flaubert, programmant les délices associées au décor. Plus tard, quand Gemma changera à nouveau de style, elle enverra promener le suédois en le qualifiant de « *boudoir*

> « Nous croyons donner un sens à la vie, et il nous est imposé comme style de vie par les goûts et les mots des autres. »

YVAN LECLERC

Né en 1951, professeur de littérature française à l'université de Rouen, Yvan Leclerc est un spécialiste des manuscrits et de la correspondance de Flaubert.

© CP

L'album a été réédité en septembre 2012 chez Denoël Graphic.

de pute », et videra tous les meubles. À la recherche de l'authenticité, Gemma ne découvre que la copie, grand thème flaubertien. Nous croyons donner un sens à la vie, et il nous est imposé comme style de vie par les goûts et les mots des autres, clichés de vie, à l'heure de la reproductibilité technique dont parlait Walter Benjamin, sortis d'un dictionnaire des idées reçues. Le désir d'être, c'est-à-dire d'avoir, est médiatisé par le désir de l'autre, d'après le schéma formalisé par René Girard. Le dessin au crayon de Posy Simmonds, en noir et blanc, ou plutôt en gris, s'accorde admirablement avec la grisaille d'une vie dominée par la répétition et l'imitation.

VICTIME DE L'IMAGE

L'imitation existentielle passe par l'imitation littéraire, très habilement menée au septième degré dans cette dérivation tout en finesse. Gemma Bovery est déjà écrite en la personne de sa quasi-homonyme, et le boulanger souligne les coïncidences, au-delà du nom ; il met en scène les événements, les provoque au besoin en manipulant le destin avec délectation perverse et crainte, pour faire en sorte que la Vie reproduise l'Art.
Le roman graphique multiplie les clins d'œil au lecteur, comme avec le « *design suédois gustavien* ». Mais il ruse avec l'intertexte archiconnu : Gemma ne se prend pas au vertige de l'identification, et si sa trajectoire se termine sur la même chute que celle d'Emma, c'est en désamorçant le tragique par le grotesque de la banalité, dans un esprit lui aussi flaubertien. Emma se consume de vivre dans un monde plat qui n'égale pas les livres ; Gemma, en femme de son temps, n'est pas victime des livres (elle ne lit, occasionnellement, *Madame Bovary* que pour ne pas s'y reconnaître) mais des images et des modes. Son auteur fait d'elle une illustratrice et une décoratrice : productrice d'images et de cadres de vie, sa vie s'encadre comme une image, dans une suite de vignettes. •

RING
RING
THUR WRIGHT 16-5
OOD TEST RESULTS
ULL BLOOD COUNT
ALER
SMEAR CELLS
ARNORMAL
RING
RING
RING
RING
ENCE

54 cases de la vie d'un médecin

PAR MARTIN WINCKLER

Une fois le fantasme de sa toute-puissance dissipé, comment le médecin peut-il prétendre continuer de soigner ? En guise d'autothérapie, Thom Ferrier passe l'humanité de la relation médicale au crible de ses cases.

Un médecin est une personne comme une autre, et la médecine n'est pas seulement une vocation. C'est un boulot. Un boulot difficile techniquement et émotionnellement. L'une des plus grandes difficultés que rencontrent les médecins réside dans l'impossibilité apparente de communiquer à autrui l'ambivalence de leurs sentiments. Devenir médecin, c'est croire qu'on sera (presque) tout-puissant. Être médecin, c'est avoir chaque jour, à chaque minute, la certitude qu'on ne l'est pas – et devoir vivre chaque seconde ce qui ressemble bien à une supercherie, à une confiance usurpée. Certains – ils sont peu nombreux, mais ils existent – gardent cela pour eux sans grand dommage. D'autres tentent de dissoudre le trop-plein dans l'alcool, le jeu ou l'achat d'une très grosse voiture. D'autres encore – les plus créatifs, pas forcément les plus équilibrés – transposent cela dans une activité artistique – écriture, photographie, musique.

IAN WILLIAMS

Né en 1965. Ce médecin, auteur de BD sous le pseudonyme de Thom Ferrier, a réalisé une thèse sur la narration médicale dans les romans graphiques. Il est aussi à l'origine du site GraphicMedicine.org, une forme de synthèse de ses deux métiers.

© Ian Williams

« I'M A SHIT DOCTOR »

Médecin de famille au pays de Galles jusqu'en 2011, Ian Williams est auteur de bandes dessinées. Il signe ses *comics* Thom Ferrier. On peut accéder à la quasi-totalité de sa production sur son site, Disrepute : « mauvaise réputation », en français (www.disrepute.info). Sa « carte de visite » est un autoportrait, la tête entre les mains encadrée par les mots : *« I'm a shit doctor » (Je suis un médecin de merde).*

Le dessin de Ian/Thom peut sembler malhabile, mais l'examen de l'ensemble de ses *strips* montre que le trait sait se faire plus précis ou plus lâche selon l'effet recherché et, probablement, les sentiments éprouvés au moment de la conception. Ses récits, tantôt allégoriques, tantôt réalistes, tantôt profondément sarcastiques, témoignent d'interrogations profondes sur la place incertaine – tantôt bourreau, tantôt victime, tantôt témoin impuissant – du médecin dans la communauté des humains.

L'une de ses planches – un récit sans paroles intitulé *A Day at the Surgery* (Une journée au cabinet médical, reproduite ci-contre) – résume admirablement son approche. La planche se compose de 54 vignettes qui sont autant d'instantanés. Des visages (plus de femmes que d'hommes, comme dans la réalité), des mains effectuant des gestes d'examen, des gros plans sur les corps et les plaies des patients, des objets usuels, des postures, des expressions – et le téléphone qui sonne et interrompt. La page commence et finit sur une chaise vide, mais les deux cases ne sont pas identiques. Entre les deux, il (s') est passé beaucoup (de personnes, de paroles, d'émotions).

La beauté de cette planche réside dans la possibilité de la voir différemment selon les jours et l'humeur du moment. Les premières fois, j'ai été frappé par les sourires que je croyais lire sur certains visages. Aujourd'hui, les deux images qui m'hypnotisent sont celles qui montrent, côte à côte, le sexe flasque d'un homme et un visage masculin en pleurs. L'accumulation des vignettes et leur petite taille rendent compte à la fois de l'aspect fugace et séquentiel du travail médical ainsi que de son caractère vertigineux : comment prétendre soigner correctement, avec souci et délicatesse, toute cette humanité en l'espace d'une seule journée ? •

CRISE GRECQUE :
LA PHILOSOPHIE DU CHAOS
Les Epicuriens
CAMARADES !
Les Platoniciens
JE T'INTERDIS D'ALLER DANS LES ÉMEUTES QU'ILS MONTRENT AU JT !
MAIS ENFIN, PAPA, VOUS NE VOYEZ PAS QUE "L'IDÉE D'ÉMEUTE" EST BIEN SUPÉRIEURE, EN TERME DE RÉALITÉ, À "L'IMAGE DE L'ÉMEUTE" !
ENCORE UNE MANIF ?

Les Sophistes
CRS = FONCTIONNAIRES...
SS = FONCTIONNAIRES...
DONC : CRS = SS !
Les Sceptiques
ON EST MANIPULÉS PAR LA CIA !
LE MOSSAD !
ROSWELL !
Les Pythagoriciens
ATTENDS, EUH... ALORS LA SOMME DES ~~DEUX~~ CÔTÉS EST ÉGALE À L'HYPOTHÉNUSE EUH... NON...
a² + b², EUH...
NON ! C'EST PAS PLUTÔT "RACINE DE C" ?
HO ! ÇA VIENT, CES COCKTAILS MOLOTOV ?
√c² ?
C² ?
d'Héraclite
"ON NE SE BAIGNE JAMAIS DEUX FOIS DANS LA MÊME FOULE"
Jul.

MAAÂW! MAAÂW!
ON VIENT, ON VIENT, HOOO!
... ET C'EST PLUS DE VINGT FOIS PAR JOUR... JE SUIS DEVENU PORTIER POUR CHAT!...
MAAÂW! MAAÂW!
M'ENFIN!! TU NE SAIS PAS QU'UN CHAT NE SUPPORTE PAS LES PORTES FERMÉES ?!?... ET QU'IL A BESOIN D'UNE SENSATION DE LIBERTÉ ?!...
C'EST BIEN VRAI ?! OOOOH, LE PAUVRE CHÉRI !!
HÉ BIEN, MOI, CE QUE JE NE SUPPORTE PAS, CE SONT LES COURANTS D'AIR ! ET JE VOUS DIS QUE CES PORTES SERONT FERMÉES, ROGNTUDJ...
SCHLAM!
CHAQUE FOIS QUE PRUNELLE A VOULU JOUER AU PLUS ENQUIQUINEUR, J'AI TROUVÉ UN TRUC, ET IL N'A PAS ÉTÉ LE PLUS FORT...
AH! BRAVO! TOUTES LES PORTES DE L'ÉTAGE ESQUINTÉES !!!
... MAIS RECONNAIS QU'IL N'Y A PAS DE COURANTS D'AIR !
SKWIK
¡ÂÂHHR!
AH! ZUT! ELLE EST JALOUSE ...
RÂÂAH!
HIHIHI HIÂÂHR!
'SOIS PAS DE MAUVAISE FOI : CETTE PORTE EST FERMÉE, OUI OU NON ?
SKWIK
810
AÏE
Franquin

De l'existence à l'essence... et **retour**

PAR BRUNO LATOUR

Les portes doivent être fermées! fulmine Prunelle, sortant de ses gonds. Une chatière et une mouettière plus tard, Gaston Lagaffe a rétabli la libre circulation des espèces. Dans cet extrait, Bruno Latour nous explique ce que cette planche raconte sur les rapports entre technique et essence.

Rien de mieux pour penser l'essence de la technique qu'un petit exemple – tel est notre travers à nous autres, philosophes empiriques. Et pour ne pas intimider par des techniques de pointe, prenons l'invention d'une porte par ce maître de l'invention qu'est Gaston, le héros de Franquin. En une planche, tout est dit: la technique se définit par la médiation des rapports entre les hommes d'une part, entre les hommes, les choses et les bêtes d'autre part.

« *Maaâw!* » Soit un chat qui miaule dans le bureau du journal *Spirou*. Pourquoi un chat dans un bureau belge? Nous ne nous attarderons pas sur cette question. Quoi qu'il en soit, le chat miaule et réclame de Prunelle, supérieur hiérarchique de Gaston, qu'il ouvre la porte. « *Je suis devenu portier pour chat* », s'écrie Prunelle, indigné d'être mécanisé, instrumentalisé, machiné par une porte, par un chat et par Gaston. De même qu'il existe des grooms mécaniques, Prunelle est devenu un groom humain ouvre-et-ferme-porte. Sa posture figée et furieuse indique assez qu'il imite une machine, qu'il fait le robot.

Une crise éclate bientôt car le chat miaule encore. Il veut que la porte soit toujours ouverte afin d'aller et venir librement. Cette psychologie du chat, Prunelle devrait la connaître. Son ignorance indigne Gaston: « *Tu ne sais pas qu'un chat ne supporte pas les portes fermées?!? ... Et qu'il a besoin d'une sensation de liberté?! ...* » Gaston – porte-parole des droits du chat – et le chat – dignement représenté par Gaston et capable d'ailleurs de s'exprimer lui-même par des miaulements à fendre l'âme – veulent donc que le groom-ouvre-et-ferme-porte soit toujours de garde afin de faire respecter le droit des bêtes. C'est qu'ils ignorent portes et murs, les félidés, et que, s'ils aiment à profiter du confort des âtres, ils ne veulent pas y rester prisonniers. (...) Domestiques mais sauvages, tels sont les chats. Nul n'y peut rien changer.

FERMETURE CATÉGORIQUE

C'est oublier le droit des hommes, et plus particulièrement de Prunelle, à se protéger des courants d'air. Ah! ces courants d'air, combien de disputes n'entraînent-ils pas dans les autobus les trains, les bureaux. On se tuerait pour une fenêtre ouverte ou fermée. (...) Le ton de Prunelle n'indique pas qu'il puisse y avoir d'hésitation sur ce point. « *Ces portes seront fermées* », s'exclame-t-il, au futur de commandement, et il souligne son impératif catégorique par un grognement devenu dans les bandes dessinées le symbole de l'autorité, « *rogntudj* », et par le « schlam » des portes que l'on claque en fureur. Il n'y a plus rien à redire. Les chats et les subordonnés doivent obéissance.

C'est compter sans le geste technique, sans la ruse, le détour, le *daedalion*, la *métis*, sans ce bricolage boiteux auquel on reconnaît, depuis l'aube des temps, l'ingénuité de Dédale, de Vulcain ou de Gaston Lagaffe. « *Chaque fois que Prunelle a voulu jouer au plus enquiquineur, j'ai trouvé un truc, et il n'a pas été le plus fort* », murmure Gaston maintenant équipé d'une scie et d'une boîte à outils. (...) On ne peut faire de philosophie des techniques sans étendre l'existentialisme à la matière, à ce que Sartre appelait le practico-inerte. Imaginez un Prunelle un peu plus résistant: solide comme un roc, il demeure un enquiquineur; les portes esquintées doivent être remises en état; il ne reconnaît pas l'absence de courant d'air; de mauvaise foi, il exige le départ de la basse-cour.

Imaginez des portes un peu plus résistantes: c'est Gaston cette fois-ci qui ne pourrait les renégocier. Imaginez des bêtes plus fragiles, elles mourraient à la première porte close. S'il n'y avait que des essences, il n'y aurait pas de techniques.

Gaston s'insinue dans toutes les petites fractures existentielles pour essayer des combinaisons multiples jusqu'à trouver celle qui, à l'apoplexie de Prunelle près, va pacifier tout le petit monde qu'il rassemble autour de lui. La scie, en revanche, ainsi que la boîte à outils et les gonds jouent le rôle d'essences bien tranchées sur lesquelles on peut faire fond. Il en est de même de la psychologie des chats – « *sensation de liberté* » – ou de celle des mouettes – « *jalouse* » –, qui ne sont pas renégociables. L'essence n'est pas du côté des choses et l'existence du côté des humains. Le partage se fait entre ce qui fut une existence et devint provisoirement une essence, une boîte noire – la débrouillardise de Gaston, la psychologie des chats, la scie –, et ce qui fut une essence avant de devenir provisoirement une existence – la psychologie de Prunelle, l'idée de porte. •

Cet extrait est tiré de Petites leçons de sociologie des sciences *(La Découverte, 1996).*

BRUNO LATOUR

Né en 1947. Agrégé de philosophie, Bruno Latour est sociologue, anthropologue et philosophe des sciences. Il a fait paraître en 2012 *Enquête sur les modes d'existence: une anthropologie des Modernes* (La Découverte).

Gaston, dieu des objets

PAR SERGE TISSERON

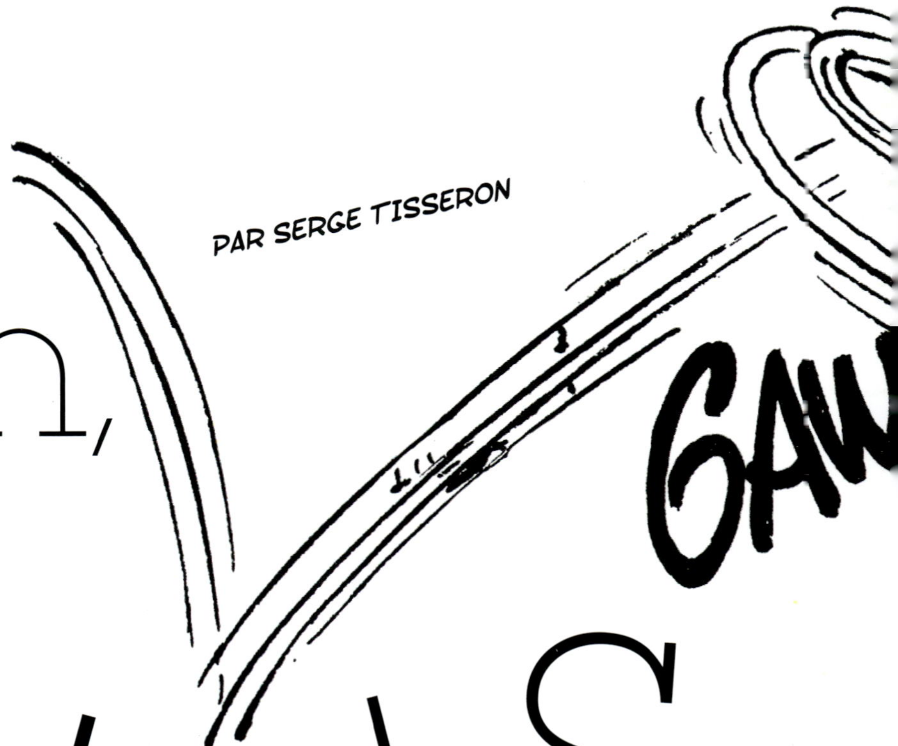

SOMMES-NOUS MAÎTRES DE NOS DESTINS ?

© Marsuprod. 2013 by Franquin – www.gastonlagaffe.com

Objets inanimés, avez-vous donc une âme? Et pas qu'un peu! répond Gaston, qui ne manque jamais d'aimer ses créations… Qui le lui rendent bien. De l'empathie entre objets et sujets!

Notre tradition culturelle accorde beaucoup d'importance à la distance qui sépare les êtres humains du monde non humain. La rigidité de cette opposition est de plus en plus contestée, notamment pour ce qui concerne nos rapports aux animaux. Le fait que ces derniers ne possèdent pas un langage articulé a longtemps conduit à creuser le fossé entre eux et nous. Qu'on se souvienne de l'animal-machine de Descartes et pense à l'insulte que représente encore le mot « bestial »! Sous prétexte que l'animal ne parle pas, la qualité d'être sensible lui est souvent refusée. L'erreur est de penser sa différence en termes de tout ou rien plutôt que de spécificités.

Heureusement, nous accordons de plus en plus de considération aux gestes et aux attitudes liés à la vie émotionnelle et à la relation entre deux êtres, qu'il s'agisse de deux humains, d'un animal et d'un humain ou de deux animaux. Quant aux objets du quotidien, longtemps délaissés par les sciences humaines, ils bénéficient désormais de l'intérêt accru pour ce qu'il est convenu d'appeler la « culture matérielle ».

Toutes les relations que l'être humain établit avec son environnement tirent leur origine de sa propension à se projeter sur ce qui l'entoure. Nous ne confondons pas, bien sûr, l'être humain, l'animal et les objets, parce que nous savons qu'ils appartiennent à des ordres différents. Mais en pratique, les glissements sont nombreux. Nous regardons nos chats et nos chiens dans les yeux en ayant l'impression que nous les comprenons et que c'est réciproque. Et certains parlent à leurs plantes vertes… C'est pourquoi nous gagnerions beaucoup à inverser notre façon habituelle de penser. Nous imaginons que notre empathie pour le monde non humain est une extension de celle que nous éprouvons pour nos semblables. C'est l'inverse qui est vrai : nous projetons à tout moment nos pensées, nos émotions et nos états d'âme sur l'ensemble du monde qui nous entoure, et c'est la raison pour laquelle il existe pour nous. Autrement dit, notre empathie pour nos semblables est un cas particulier de celle que nous éprouvons pour notre environnement, sans distinction de son caractère humain ou non humain. La seconde ne vient que dans un second temps… et pas nécessairement.

DES ÊTRES SANS DUPLICITÉ

Mieux que toute autre forme d'expression, la bande dessinée nous rend sensible à cette empathie généralisée. Tout ce qu'elle met en scène y est traité de la même façon : délinéé par un trait égal. Humains, plantes, objets et animaux y sont faits de la même « chair ». Tout peut y parler et y souffrir également. Franquin est un de ceux qui est allé le plus loin sur ce chemin. Dans ses histoires, les animaux affichent leur caractère et leurs intentions sur leur visage aussi bien qu'un homme, et plus clairement, car ils semblent ignorer la duplicité. Et ce n'est pas réservé aux mammifères. Nous nous sentons tout aussi bien en empathie avec les crustacés, les reptiles et les plantes carnivores qu'avec les vaches et les chiens.

À la question de savoir si les objets ont une âme, Franquin répond en les dotant d'une personnalité propre. Ils se déglinguent, pétaradent, dérapent… comme autant de façons de manifester leurs doutes ou leurs désaccords sur les projets auxquels on veut les faire servir. Chez Franquin, il existe même des machines capables de donner à des objets familiers une soudaine et ➔

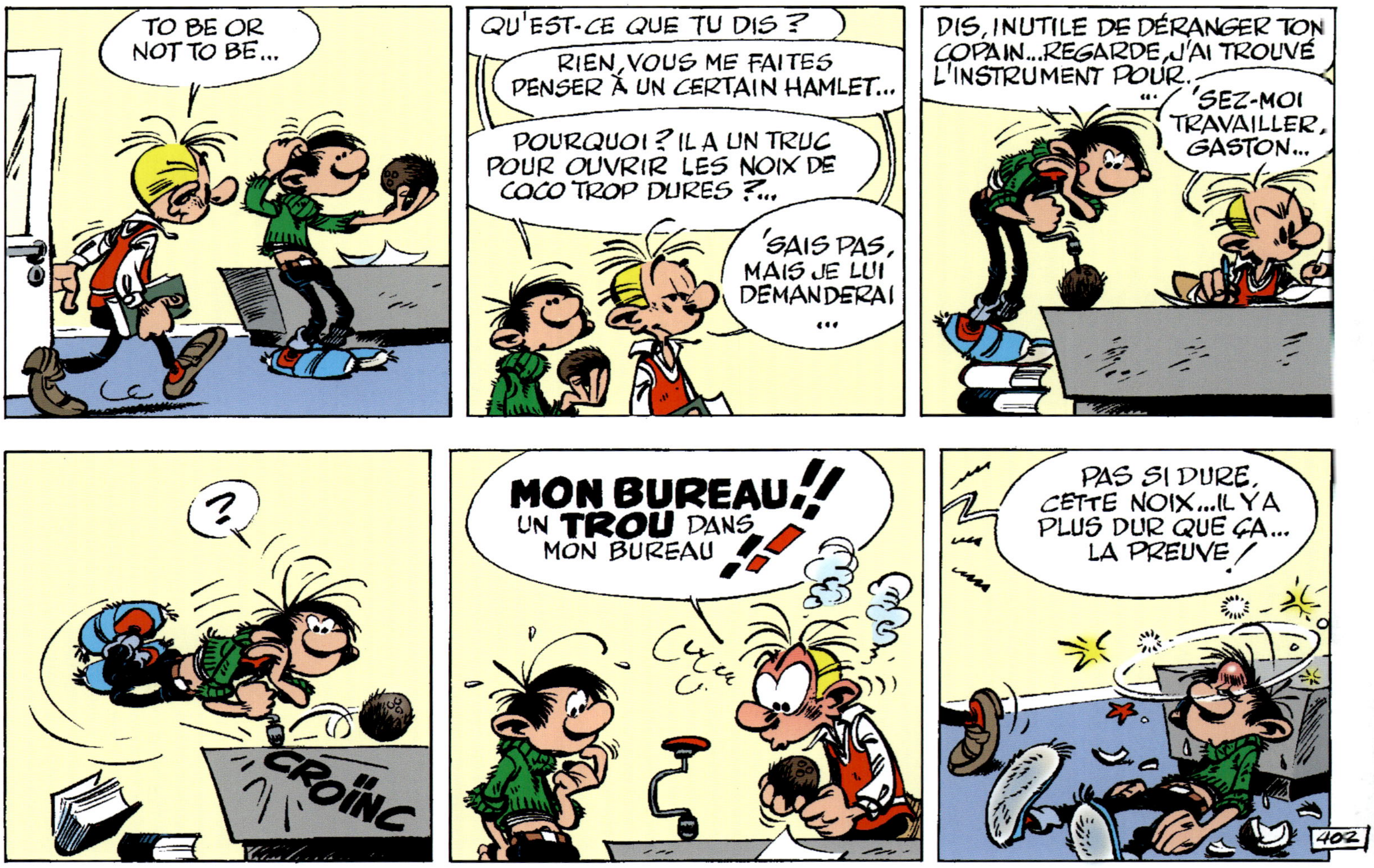

imprévisible liberté. Avec le GAG, ou Générateur antigravité, les pommes se mettent à voler comme des oiseaux; avec le « métomol », les avions et les voitures coulent sur le sol comme une pâte à crêpe ! Dans *Gaston Lagaffe*, Franquin franchit un pas de plus. Les objets deviennent les protagonistes principaux des histoires. Ils ne sont plus seulement imprévisibles, voire facétieux, ils sont dotés d'un inconscient, à l'égal d'un être humain. Au moment où Gilles Deleuze et Félix Guattari bricolaient une théorie des *« machines désirantes »*, Franquin les mettaient en scène, imaginant qu'elles puissent se ranger au service de nos désirs secrets. C'est ainsi qu'un ressort du fauteuil qu'il a installé dans son bureau pour se reposer le retient lorsqu'il décide d'aller travailler, et que ses bricolages inoffensifs se transforment en autant de machines agressives aussitôt que monsieur De Mesmaeker approche. Les objets fabriqués par Lagaffe ont le pouvoir d'échapper à son contrôle pour réaliser ses intentions inavouables !

Le monde imaginé par Franquin répond ainsi avec un demi-siècle de décalage à celui décrit par Sigmund Freud dans la *Psychopathologie de la vie quotidienne* : monde de lapsus, d'actes manqués, d'incidents que rien ne laissait prévoir... et qui correspondent, en réalité, exactement à ce qui était désiré. Les machines dont Lagaffe s'entoure révèlent son inconscient aussi bien que pourrait le faire un psychanalyste ! Mais alors que ce dernier utilise la parole pour interpréter les intentions, les machines le révèlent en acte.

Terminons par la plus belle des mécaniques imaginées par Franquin, et peut-être sa plus belle leçon d'empathie. Elle donne son titre à un conte de Noël. Un enfant seul et triste un soir de 25 décembre rencontre un vieux monsieur aux allures de Père Noël savant qui lui confie un objet bizarre, au nom plus bizarre encore : l'Elaouin Sdretu *(Noël et l'Elaouin)*. Noël, c'est le prénom de l'enfant, embarrassé par la télécommande, la glisse dans une fente ménagée dans la machine. Celle-ci s'empresse de l'avaler, de la digérer... et de devenir autonome ! Après avoir sauvé Noël de la noyade et l'avoir séché à la chaleur d'un soleil artificiel, l'Elaouin va successivement fabriquer un os pour un chien hargneux, une voiture miniature pour l'enfant, des souliers pour un vagabond et, finalement, de la belle neige pour tous !

UNE LEÇON D'OPTIMISME

À l'inquiétude sinistre de ceux qui craignent que les robots prennent le pouvoir et asservissent leurs créateurs, Franquin prodigue une leçon d'optimisme. « Donne-moi mon autonomie et je te donnerai le bonheur », pourrait dire l'Elaouin s'il savait parler. À défaut, il le met en actes. La machine libérée du contrôle de l'homme se montre reconnaissante. Sa capacité d'empathie la rend capable de deviner les intentions et les besoins des humains et de les satisfaire. Chez Franquin, l'empathie entre humains et machines est déjà à l'œuvre. Comme une construction mutuelle et réciproque. •

SERGE TISSERON

Psychiatre, psychanalyste et docteur en psychologie, Serge Tisseron est né en 1948. Il a étudié notre rapport à l'image et aux nouvelles technologies dans *Virtuel, mon amour* et *Qui a peur des jeux vidéo ?* (Albin Michel, 2008). Passionné par les secrets de famille, il s'est penché sur le cas Haddock-Hergé dans les années 1980.

漫画

SOMMES-NOUS
MAÎTRES DE
NOS DESTINS ?

TEZUKA
L'ÂME DU MANGA

PAR AGNÈS GAYRAUD

Osamu Tezuka est avec Hergé l'un des géants de la BD du XXe siècle. Ce génie du manga place la vie au cœur de son œuvre. Inspiré par la sagesse bouddhiste, il est le maître des métamorphoses. Dossier.

戯画

Le manga…

Littéralement, manga signifie en japonais « image dérisoire », « dessin grotesque » ; il désigne toute image dessinée ou illustration, plus ou moins caricaturale. Dès les années trente, avec le développement d'histoires dessinées (parallèlement au développement du *strip*, puis de la planche dans la bande dessinée occidentale), il désigne un genre à part entière, lui-même divisé en une multitude de sous-genres selon le public visé – *shonen* pour les jeunes garçons, *shojo* pour les filles, et *seinen* pour les adultes – qui est centré sur la narration d'aventures de personnages historiques ou imaginaires. L'auteur est appelé *mangaka*. Outre Tezuka on citera, parmi les grands auteurs de la seconde moitié du XXe siècle, Mizuki, Saito, Toriyama ou Otomo.

… et son dieu, Osamu Tezuka

Auteur de plus de 150 000 planches réparties sur plus de 400 volumes, Osamu Tezuka (1928-1989) a un statut comparable à celui de Hergé dans la tradition franco-belge ou de Walt Disney aux États-Unis. Entre 1947 et 1988, il crée les formes à l'intérieur desquelles *« s'est élaboré tout le manga, depuis la Seconde Guerre mondiale »*, selon le critique japonais Nobuhiko Saito. De la série d'aventure animalière *Le Roi Léo* (1950-1954) aux fresques historiques de *L'Arbre au soleil* (1981-1985) et de *L'Histoire des trois Adolf* (1983-1985), du futurisme d'*Astroboy* (1952-1981) au réalisme cynique de *MW* (1976-1978) ou encore des saynètes littéraires de *Nanairo Inko* (1981-1983) à l'envergure quasi cosmique de la série *Phénix* (1956-1989), il n'a eu de cesse de repousser les limites de l'art de la bande dessinée, d'approfondir ses possibilités. À sa mort, le Japon lui fit des funérailles nationales.

« ***Toutes mes œuvres* […]**, affirmait Tezuka, *sont totalement et volontairement en corrélation avec le thème de la vie.* » Mais plus qu'un thème, la vie, chez Tezuka, est l'impulsion dont l'œuvre tout entière émerge, ouvrant un large champ de questions existentielles et éthiques aussi urgentes qu'irrésolues : y a-t-il un sens à nos souffrances ? l'immortalité nous rendrait-elle heureux ? que vaut une existence dans l'immensité du cosmos ? Dans la forme apparemment mineure, enfantine, voire prétendument régressive du manga, l'œuvre de Tezuka confine au philosophique.

Perdre un enfant, être mutilé, ne plus reconnaître ses proches, être laid, blesser, vouloir se venger, porter la culpabilité d'un acte irréparable, refuser de vieillir, éprouver du plaisir à tuer, être humilié, pauvre… telles sont les multiples expressions du drame humain dont Tezuka fait le cœur de son œuvre. Émergeant au lendemain de la Seconde Guerre mondiale, le manga tezukien est une forme ambiguë. Bien qu'il épouse, dans la forme, l'aménité du monde de l'enfance, il est hanté, sur le fond, comme tout le manga depuis l'après-guerre, par les catastrophes d'Hiroshima et de Nagasaki. S'il s'adresse aux enfants, c'est sur fond de bombe atomique ; s'il nous fait rire et nous émerveille, c'est sur fond d'un *« absolu pessimisme concernant la nature humaine »* (Ada Palmer). Et l'espoir d'une Humanité future heureuse, porté par le célèbre petit garçon-robot Astroboy (*Tetsuwan Atomu*, créé en 1951), trouve son pendant obscur dans les suicides de robots narrés dans « Temps Futurs » *(Phénix)*. Nous sommes donc prévenus : le père du Roi Léo et de Princesse Saphir est un pourvoyeur de rêves aussi bien que de cauchemars.

C'est là toute la tension, constitutive de l'œuvre tezukienne, entre une intention pédagogique nourrie par un certain optimisme dans les possibilités de salut des générations futures et l'obsession du retour infini de la souffrance, subie au fil des âges par tous les êtres vivants. Cette tension affleure dans la forme manga elle-même, quand la souplesse du dessin semble lutter contre la violence de ce qui est raconté, quand la tendresse irrésistible de petits visages d'enfants et de femmes semble protester contre la souffrance et la mort. Le trait rond, disneyen, souvent humoristique, ne nous épargne donc pas le sentiment de l'absurde, de l'injustice et du mal. Sous des apparences rassurantes, le mangaka nous plonge dans des abîmes dont la sagesse adulte elle-même ne peut sortir.

Ce pessimisme est tempéré par un message d'amour, dont Tezuka a voulu faire le slogan de son œuvre : *« Aimez toutes les créatures ! Aimez tout ce qui est vivant ! »* Inspiré de la sagesse bouddhiste, le message suggère une orientation philosophique, qu'il faut bien sûr prendre en compte, mais il ne révèle pas à lui seul la force de ce qu'en fait Tezuka une fois armé d'une plume face à sa planche à dessin. Faute d'être rapporté aux mangas eux-mêmes, ce message pourrait bien tomber à plat. Car Tezuka n'est pas un philosophe, c'est un auteur de bandes dessinées, un mangaka prolifique dont l'œuvre est assez folle, ramifiée et travaillée de tensions pour présenter, c'est vrai, un intérêt philosophique, pourvu qu'on en saisisse l'envergure au cœur de la forme manga. Comme nous tentons de le faire dans les pages qui suivent en analysant deux de ses œuvres majeures, *Phénix* et *La Vie de Bouddha*. •

Hi No Tori © 2013 by Tezuka Productions / *Phénix, l'oiseau de feu,* d'Osamu Tezuka, aux éditions Tonkam

漫画

IMMORTELS! LE GRAND CYCLE DE LA VIE

Parmi les grandes créations d'Osamu Tezuka, *Phénix, l'oiseau de feu*, est la plus métaphysique. Œuvre de longue haleine, dont le *mangaka* eut l'idée alors que, jeune étudiant en médecine, il assista à la mort d'un patient dont le visage lui sembla envahi d'une paix absolue quelques instants avant son trépas, elle l'accompagna toute sa vie, de 1956 à sa mort, en 1989.

Hi No Tori © 2013 by Tezuka Productions / *Phénix, l'oiseau de feu*, d'Osamu Tezuka, aux éditions Tonkam

Hi No Tori © 2013 by Tezuka Productions / *Phénix, l'oiseau de feu*, d'Osamu Tezuka, aux éditions Tonkam

Tout au long des onze volumes qui composent la série, on retrouve cet étrange oiseau, le Phénix. Paon incandescent et majestueux, mais un peu ventru, dont l'apparence ferait presque sourire, il survole le cycle infini des vies à travers toute l'histoire de l'Humanité. S'il semble sorti d'un univers enfantin, plus ou moins inoffensif, il est une image de la loi aveugle de l'Univers. Avec son œil un peu féminin, son langage qui sait se faire humain, il possède l'autorité absolue de la transcendance. Maître des naissances, des morts et renaissances, il incarne l'immortalité de la vie, la renaissance éternelle des vivants sur les cendres d'autres vivants. La légende veut que quiconque boive son sang obtienne la jeunesse éternelle et/ou l'immortalité. Mais ceux qui entreprennent de blesser l'oiseau perdent sur tous les tableaux. Phénix ne vient en aide qu'à ceux qui l'abordent avec bonté. Sous son autorité cosmique, des individus surgissent et luttent, avant d'être invariablement anéantis. Le contexte, les époques varient, si bien que l'ensemble acquiert un souffle épique caractéristique de l'écriture tezukienne.

L'HISTOIRE ET LE CYCLE

Signe de l'ambition de la série, *Phénix (Hi No Tori)* balaie de larges pans de l'histoire humaine, des origines de la civilisation grecque (« Aube ») jusqu'à un avenir ultra-technologique (« Temps futurs ») ou post-apocalyptique (« Le mal du pays »), de la Rome antique au Japon moderne, sans que Tezuka ait eu le temps de réaliser le tome qu'il projetait sur sa propre époque. La chronologie des épisodes ne suit pas celle de l'Histoire. « Aube », qui ouvre la série, a bien pour théâtre l'époque antique, mais « Temps Futurs », qui se déroule en 2482, précède la parution de « Soleil », qui nous renvoie en Chine, à l'époque des Tang. Tout se passe comme si les séquences historiques successives sur la ligne du temps humain (d'une histoire cumulative, qui progresse) devenaient contemporaines les unes des autres sur le plan d'égalité de la vie, cyclique, identique dans son infini renouveau. Et l'idée de progrès historique se trouve finalement brisée par la répétition du cycle. Les époques changent, la teneur du drame humain perdure : l'immortalité reste inaccessible. Cette façon d'enfermer l'Histoire dans le cycle est un grand trait du pessimisme tezukien. Dans chaque histoire individuelle, engagée dans l'Histoire commune, c'est l'empire aveugle de la nature, la loi de la vie, indifférente aux individualités et à leurs choix, qui a le dernier mot.

SAMSÂRA ET KARMA

Au cœur de *Phénix*, il y a donc avant tout le cycle, à la fois comme thème et comme forme narrative ; comme forme de représentation et comme forme métaphysique. Pour comprendre cette forme métaphysique, il faut se rapporter à la doctrine bouddhiste du samsâra, dont Tezuka offre dans la série plusieurs représentations. La nature ignique du Phénix y fait déjà explicitement référence. Dans le deuxième *mundaka* des Upanishad, II-i-1, on peut ainsi lire : « *Ceci est la vérité : de même que d'un feu en plein flamboiement s'envolent des étincelles par milliers, de même essence que le feu, de même, mon ami, de l'Éternel surgissent les diverses créatures, qui en sortent et y retournent.* »

Dans ce feu destructeur autant que créateur, d'où émanent les vivants, ceux-ci restent néanmoins enchaînés au cycle des individuations successives. C'est ce cycle des réincarnations – littéralement, « ensemble de ce qui circule » – que désigne le terme sanskrit de samsâra (Jean Herbert et Jean Varenne, *Vocabulaire de l'hindouisme*, Dervy, 1985, p. 89). Opposé au nirvâna, où l'âme est enfin délestée du poids de l'individuation, il est le bain de la transmigration mondaine des âmes, circulant de corps en corps. C'est donc aussi le cycle éternel de la souffrance impartie à toute créature individuée, par opposition à l'état d'indifférenciation atteint dans le nirvana – qui n'est pas un paradis auquel on accéderait encore individué, puisque l'âme s'y fond dans la contemplation du Brahman (Soi suprême, âme cosmique).

Mais la doctrine du samsâra n'a aucun sens sans celle, corollaire, du karma. Tandis que le samsâra désigne le cycle universel, au-delà des individualités, le karma désigne l'ensemble des actes (et des non-actes) d'une âme au cours de ses vies, actes

À suivre page 66 →

MÉTEMPSYCOSE ET KARMA : DEUX VISIONS DE LA RÉINCARNATION

EXTRAIT…

« *Et, comme on pouvait s'y attendre, elles* [les âmes] *s'enchaînent à des corps dont le comportement est identique en tous points aux occupations qu'elles ont pu avoir leur vie durant.*

– De quoi veux-tu parler au juste, Socrate ?

– Par exemple : ceux qui n'ont jamais rien fait d'autre que bâfrer, forniquer, se soûler, qui ne se sont jamais retenus, ceux-là viennent vraisemblablement plonger dans les corps appartenant à l'espèce des ânes ou des bestiaux ou des bestiaux de ce genre. Tu ne crois pas ?

– C'est on ne peut plus probable !

– Pour ceux qui préfèrent à toute l'injustice, la tyrannie, le rapt, il s'agirait plutôt de loups, de faucons, de milans ? […] *c'est évident aussi que dans tous les autres cas : chaque espèce verra son lieu de destination déterminé par la similitude avec son occupation ordinaire ?*

– Évidemment, dit-il, impossible de le nier.

– Mais, reprit Socrate, même si on ne considère que ces gens-là, les plus heureux, ceux qui s'achemineront vers le lieu le meilleur, ne seront-ils pas ceux qui ont cultivé la vertu publique et sociale, celle qu'on appelle modération et aussi bien justice, vertu qui naît de l'habitude et de l'exercice sans que la philosophie et l'intelligence y aient part ?

– En quel sens ces gens-là peuvent-ils bien être plus heureux ?

– Parce qu'ils ont toutes les chances de se réintroduire dans une espèce animale qui soit sociable et de mœurs douces : abeilles, si tu veux, ou guêpes ou fourmis ; ils peuvent même, sans changement, réintégrer l'espèce humaine, et de ce retour naîtront des gens bien comme il faut.

– Probablement.

– Mais pour l'espèce des dieux, si l'on ne s'est pas occupé à philosopher et si l'on n'est pas parfaitement pur au moment du départ, il n'est pas permis d'arriver jusqu'à elle : ce n'est permis qu'à celui qui aime apprendre. Voilà pourquoi, Simmias et Cébès, mes très chers, pourquoi ceux qui philosophent droitement se tiennent à l'écart de tous les appétits du corps, sans exception, leur résistent et refusent de s'y abandonner. »

Platon, *Le Phédon*, 82 a-d, trad. Monique Dixsaut, GF-Flammarion.

Dans la théorie platonicienne de la métempsycose, l'âme finit par ressembler à ce à quoi elle s'est occupée. Il existe une interaction de l'activité choisie et de la nature de l'âme. Ceux qui aiment bâfrer deviennent des loups ou des faucons, les modérés renaissent en abeilles, les justes en hommes…

Chez Tezuka, dans *Phénix*, même si les êtres humains souhaitent souvent retrouver une condition d'homme, le choix de l'espèce dans laquelle l'âme sera réincarnée reste contingent. Ce qui est déterminé par les actes et par la volonté des âmes au cours de leurs incarnations, ce sont les conséquences du karma. Il y a un fossé entre l'usage platonicien de la zoologie, qui reste métaphorique et permet essentiellement une classification des âmes, en vue de déchiffrer l'homme, et la vision bouddhiste de Tezuka, pour qui les autres êtres vivants ne sont pas de simples reflets des passions de l'homme ni des êtres qui lui seraient inférieurs. Chez ce dernier, la chaîne du vivant transcende l'homme, sa signification dépasse la pure et simple anthropologie. •

qui ne cessent de peser sur ses réincarnations successives. Si le samsâra offre le plan cosmique dans lequel l'individu est noyé, le karma fournit un sens à l'aventure humaine au sein de cette loi cosmique. Or c'est précisément ce qui intéresse Tezuka : les drames individuels des personnages qui circulent, réincarnés, parfois reconnaissables, comme Gao qui, la face barrée d'un nez protubérant et malade, paie d'une laideur éternelle le crime qu'il a commis en tentant de tuer l'enfant qui retenait la femme qu'il aimait sur une lointaine planète. Pourtant, cette âme parvient parfois à surmonter ce mauvais karma qui l'accable, comme lorsqu'elle devient le répugnant manchot Gao qui, au service d'un moine, découvre son immense talent de sculpteur. Jusqu'à avoir un jour, face à la dépouille momifiée de son maître défunt, la révélation du sens cosmique de la vie.

Dans l'économie de l'œuvre tezukienne, la loi du karma continue d'opérer d'une série à l'autre. C'est un des effets du « *star system* » tezukien décrit par Helen McCarthy : le docteur Honma, dans *Black Jack*, est une énième réincarnation du Naruta de *Phénix* ; ailleurs, un nommé Rock, créé dans les années cinquante, ressurgit sous le pseudonyme de Makube Rockuro comme « *criminal mastermind* » dans *Vampires* (à la fin des années soixante) et au même moment dans *Phénix* (« Temps Futurs »). Les procédés du manga tezukien résonnent ainsi avec des significations métaphysiques consciemment intégrées et la forme manga prend la forme du monde.

LA LEÇON INAUDIBLE

À la fin des diverses histoires, on assiste souvent à une leçon dispensée par le Phénix, rappelant qu'une vie n'est rien à l'échelle du cosmos. La créature qui le comprend, soudain capable de rapporter sa souffrance à une loi de l'univers, se révolte toujours, avant d'accepter, parfois, de renoncer à son individualité qui s'envole déjà en fumée. Si ces moments peuvent sembler didactiques, tout se passe comme si cette leçon de l'univers devait nécessairement et toujours rester inaudible pour un être humain. À chaque tome, l'aveuglement revient, et avec lui le désir insensé d'immortalité. Car *Phénix* n'est pas seulement une grande série sur l'éternel retour de la vie, elle est également une grande série sur l'éternel retour de la souffrance et sur la protestation inaliénable de la créature contre son anéantissement. Et pour cette créature, la tendresse de Tezuka est sans bornes. C'est le fondement de son « *inconfort avec la loi de la nature* » (Ada Palmer, *Mangatopia*, 2011, p. 2522), un inconfort profondément humaniste, éclairé, qui défie le pessimisme qui le convainc, par ailleurs, que toutes les trajectoires humaines sont inexorablement soumises à ladite loi.

Le cycle et l'Histoire, le samsâra et le karma, le Phénix et les différents personnages fonctionnent ici dramatiquement comme des forces contraires dont la tension définit l'essence complexe de cette série, insoluble dans une quelconque leçon de sagesse aseptisée.

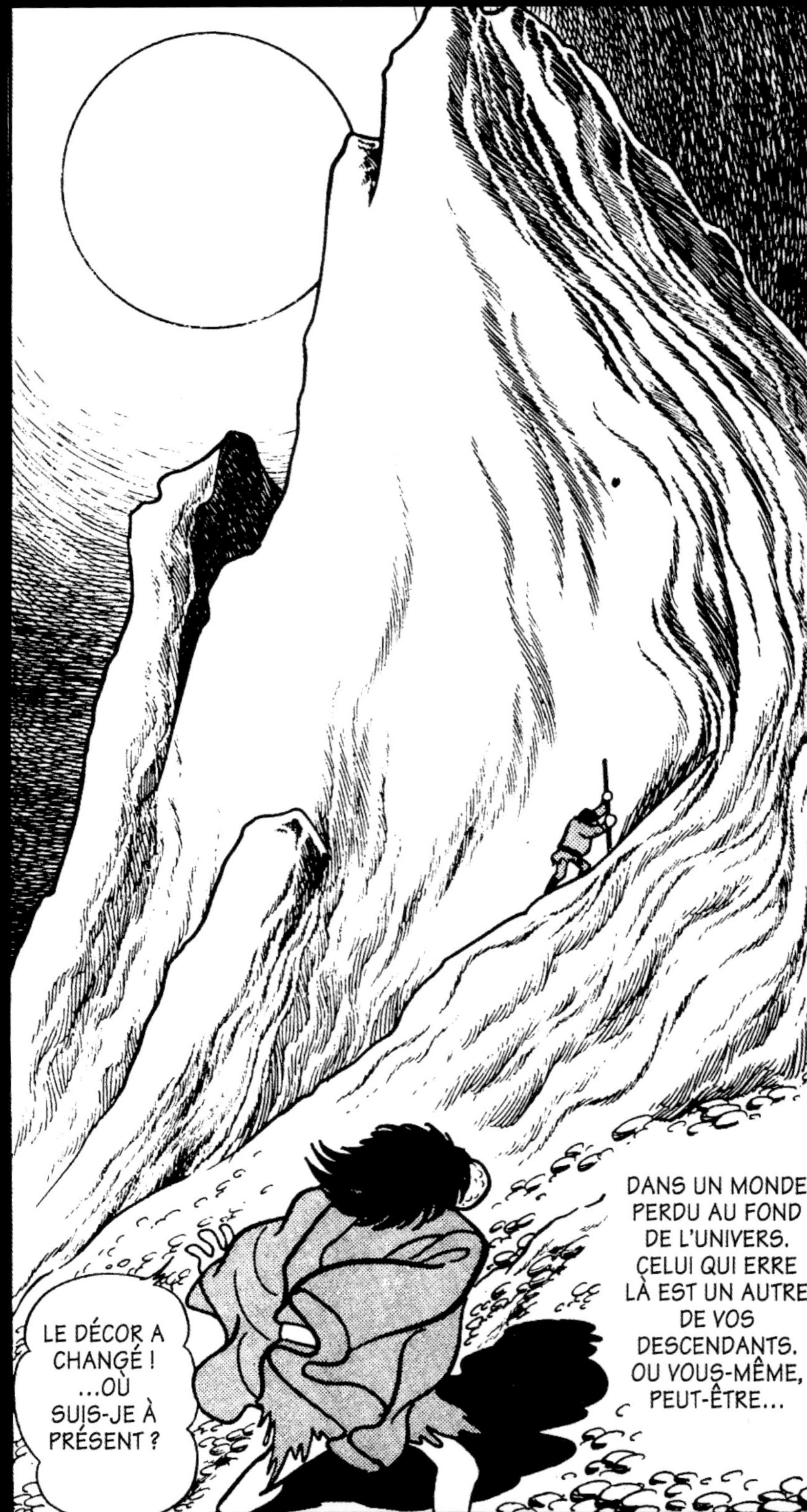

LA VIE DE BOUDDHA

Série en huit volumes destinée à un public plus étendu que la série *Phénix*, très personnelle, *La Vie de Bouddha* rencontre dès sa parution un succès colossal au Japon dans les années quatre-vingt. Tezuka y narre l'histoire du prince Siddhârta, fondateur du bouddhisme, qui proposa, entre le VIe et le Ve siècle avant J.-C., une relecture profonde et progressiste de l'hindouisme.

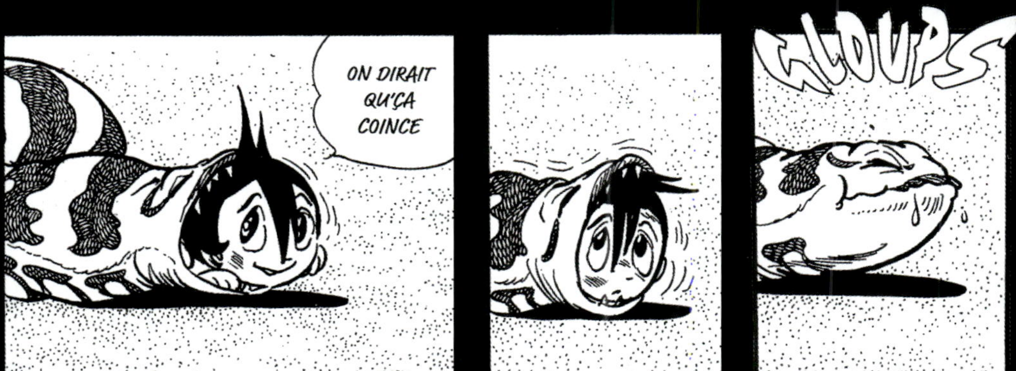

Riche en détails biographiques sur un homme qui devint pour une civilisation entière et au-delà, une figure sacrée, *La Vie de Bouddha* est bien plus qu'une vie de sage illustrée à l'usage de jeunes disciples.

Tezuka y poursuit sa propre réflexion sur la vie, non seulement à travers le message explicite du personnage mais surtout par la construction narrative du manga lui-même. Il opte pour une forme chorale qui, sans placer la figure de Bouddha au second plan, montre qu'elle ne prend son sens que dans l'entrelacs d'autres destinées humaines et animales.

Ernest Renan a sécularisé la vie de Jésus en le présentant comme un personnage historique, Tezuka, fidèle en cela à la conception bouddhiste du détachement de soi, pluralise la figure de Bouddha. Tatta, le petit paria (une des figures les plus attachantes de la série, dont le nom est peut-être d'ailleurs inspiré à Tezuka du mot Tathâgata « l'ainsi venu », qui désigne Bouddha lui-même), Dhepa, le shaman qui s'est volontairement brûlé l'œil gauche, Asaji, l'enfant mal-aimé et morveux qui se révèle capable de prédire l'avenir, ou l'ombrageux Devadatta, disciple éconduit qui cherchera en vain à assassiner Bouddha, peuplent donc *La Vie de Bouddha*. L'œuvre suit moins la ligne d'une biographie individuelle qu'elle ne trace un cheminement géographique et spirituel, de Kapilavastu à Maghada, jusqu'au royaume de Kosala, où se rencontrent plusieurs vies, où circule la vie même.

LA COMPASSION CONTRE LES CASTES

Avant d'être utilisé comme un modèle de sérénité pour les adeptes du *coaching* personnel en quête de spiritualité, Bouddha fut le héraut d'une sagesse ancrée dans la vision lucide de l'universalité de la souffrance (*dukkha*, en sanskrit, qui peut se traduire aussi par imperfection, insatisfaction). C'est la première « noble vérité » que le jeune prince de Kapilavastu découvre lorsqu'il sort de son palais et se trouve confronté à la misère de son peuple. Il en retire un profond dégoût pour sa condition princière, et – c'est la « grande renonciation » – décide d'abandonner titres et palais afin de devenir ascète. Durant une longue période d'« austérités », le jeune Bouddha suit l'enseignement de différents maîtres, et soumet son corps à toutes sortes d'épreuves. Mais, il constate que ces souffrances individuelles volontaires ne changent rien à la souffrance universelle. Rejetant les excès de l'ascétisme, il définit alors une voie de bienveillance universelle, celle de la « grande compassion », et fait vœu de guider les autres vers une délivrance qui ne soit pas identifiée à la mort, mais corresponde à une vie de bienheureux.

La conséquence directe de cette approche compassionnelle de la sagesse, c'est la contestation du système des castes. Issue de la très ancienne classification des *varna*, décrite dans les Upanishad, cette hiérarchie a fait partie intégrante de l'hindouisme, mais se trouve à l'époque renforcée par la domination du Brahmanisme qui fait de la classe supérieure des brahmanes, c'est-à-dire des prêtres, une autorité quasi divine et une force d'oppression nouvelle pour les classes inférieures (esclaves et intouchables). À cette domination obscurantiste, Tezuka oppose la figure de Bouddha, né prince, qui compte parmi ses disciples des brahmanes autant que des esclaves, et même un criminel repenti (Ananda). En cela véritable réformateur historique de l'hindouisme, Bouddha a opposé au système des *varna* la possibilité d'un accès universel à l'« éveil ». Puisque tous sont exposés à la souffrance, tous peuvent espérer en être délivrés : la vie est un plan d'égalité. Dans l'équité de la narration tezukienne, tous accèdent à ce plan où un moine, un marchand, un paria, une louve ou un serpent s'avèrent également dignes de compassion.

À suivre page 66 →

CIRCULATION DES FORMES

Comme toujours chez Tezuka, sur la base de ce plan d'égalité fixe, inaliénable, les formes circulent, les êtres passent les uns dans les autres. D'abord, selon la loi de la chaîne alimentaire, la plus cruelle et la plus aveugle de la nature, parce qu'ils s'entre-dévorent – dans une succession de cases fulgurantes, la tigresse est blessée par le rapace qui cherchait à lui voler ses petits, et ceux-ci, livrés à eux-mêmes, sont avalés par un serpent avant qu'il soit lui-même dévoré, le ventre encore déformé par son consistant repas, par une colonie de fourmis… Ensuite, selon la loi de compassion, parce que leur condition rapproche les êtres vivants. Tatta, le petit paria télépathe, a le don d'entrer dans l'esprit des animaux, et il explique ainsi son don à son ami Chaprah : *« Il faut souffrir comme eux. »*

Enfin, selon la loi du karma, parce que les êtres ont une dette les uns envers les autres. C'est le sens de l'histoire du brahmane Naradatta qui utilisa le pouvoir de Tatta pour parcourir en un jour des milliers de kilomètres jusqu'au pied de l'Himalaya, épuisant les forces de plusieurs animaux – un canasson enrhumé, un étalon, un canard, un vautour… – dans le but de sauver une vie humaine ; il fut pour cela condamné par le sage Asitta à vivre nu, à quatre pattes parmi les bêtes, jusqu'à la fin de ses jours. Prédation, métamorphose, régression, mais aussi adoption – c'est l'histoire de Devadatta sauvé, puis élevé par une louve – sont autant de régimes de cette circulation infinie où se vérifie graphiquement et narrativement le plan d'égalité de la vie.

Tandis que dans *Phénix* ce plan est déployé de façon diachronique, en suivant au fil des générations et des époques la réincarnation d'homme à moustique, de moustique à singe rouge, etc., *La vie de Bouddha* en offre la variante synchronique la plus développée où, à chaque instant, chaque vie engage toutes les autres, comme menace ou comme aide. La lecture tezukienne du bouddhisme est tout entière tournée vers cette idée de « solidarité » du vivant.

LE SENS DU SACRIFICE

Bien plus radicale dans ses conséquences pratiques qu'une simple sympathie envers le monde animal, la solidarité du vivant est le fondement philosophique de la légitimation bouddhiste du sacrifice d'un vivant pour un autre vivant. Elle est au cœur de l'histoire de Maître Gosala qui survécut, alors qu'il était mourant en pleine montagne, grâce à l'aide d'un ours, d'un renard et d'un lapin. Ce dernier, n'ayant rien d'autre que lui-même à offrir pour sauver le vieil ascète, se jeta dans le feu pour être mangé. Bouddha lui-même, relatent les Jatakas, fit don de son corps à une tigresse affamée sur le point de dévorer ses propres petits, lui abandonnant sa chair, sa tête, ses yeux, sa moelle et son cerveau.

Véritable double de Bouddha dans le manga tezukien, le paria Tatta est prêt à être dévoré par un serpent qui le demande, en échange de quelques-uns de ses œufs qui pourraient nourrir trois humains. Dans cette révélation vertigineuse du sens profond de la solidarité du vivant, la loi de nature selon laquelle les forts l'emportent, les faibles disparaissent se renverse elle-même en cette troublante formule adressée par Naradatta à l'enfant-loup Devadatta, fier de sa pêche : *« Le poisson s'est laissé attraper pour que tu le manges. »* Le détachement de l'individuation, de la personne, du moi, tel qu'il est recherché dans le bouddhisme peut permettre de comprendre ce sacrifice comme un phénomène non tragique, n'exprimant rien d'autre que la circulation immanente du vivant.

Chez Tezuka, une telle philosophie oriente toute l'œuvre, mais alors même que nous apprenons la vacuité universelle de l'être, la solidarité aveugle du vivant, nous pleurons tout de même Tatta, quand il meurt, écrasé, sous la patte puissante d'un éléphant. •

EXTRAIT…

«SÛTRA DU DIAMANT» LE NIRVÂNA POUR TOUS

« *Quel que soit le nombre d'êtres dans l'univers des êtres – en comprenant sous le terme "être" ceux qui sont nés d'un œuf, ceux qui sont nés d'une matrice, ceux qui sont nés de la moisissure ou ceux qui sont nés miraculeusement ; avec forme ou sans forme ; avec perception, sans perception, et avec ni perception ni non-perception – quelles que soient les formes d'êtres concevables qui sont conçus : je dois mener tous ces êtres au Nirvâna, à ce Royaume du Nirvâna qui ne laisse rien derrière. Et, cependant, quoique d'innombrables êtres aient ainsi été menés au Nirvâna, aucun être n'a été mené au Nirvâna.* » Et pourquoi ? Si, chez un Bodhisattva [celui aspire à l'éveil, qui a fait vœu de devenir un Bouddha] la notion d'« être » existait, il ne pourrait pas être appelé un « Être de Bodhi ». *« Il ne pourrait être appelé un Être de Bodhi, celui chez qui existerait la notion d'un soi ou d'un être, ou la notion d'une âme vivante ou d'une personne. »*

Bouddha, *Sûtra du diamant* – ou de la sagesse parfaite. Verset 3.
Wisdom beyond Words, The Buddhist Vision of Ultimate Reality. Sangharakshita. Windhorse Publications, 1993, traduction © Christian Richard 2003.

Dans le « Sûtra de la révélation de la souffrance », Bouddha dit que la première des nobles vérités est celle de l'ubiquité de la souffrance, dont tous, sans distinction et à chaque instant portent le fardeau. Cette souffrance, liée à l'incarnation, persiste dans le cycle infini des réincarnations (le samsâra). Dans le « Sûtra de la sagesse parfaite », dit « Sûtra du diamant », la tâche du bodhisattva revient à mener tous ces êtres sans distinction dans le royaume du nirvâna, où cesse précisément le cycle des renaissances car sont enfin défaits les liens de l'attachement de chaque chose à son incarnation, au soi, aux signes, aux images.

On saisit là que la sollicitude universelle qui caractérise l'attitude bouddhiste à l'égard du vivant ne tient pas d'un simple altruisme mais d'un mouvement de « détachement », vers la dissolution de toute identité. Tezuka connaît bien cet horizon du bouddhisme, et nombreuses sont les planches où il nous donne à contempler cette indifférenciation du vivant, ces moments de passage d'une forme dans une autre, d'émergence et de dissolution d'êtres dans des configurations graphiques/organiques. Néanmoins, le regard éveillé ne passe pas chez lui, comme c'est le cas à un certain niveau d'éveil dans le bouddhisme, par la négation des formes apparentes. •

FAUT-IL MOURIR OU VIVRE ?

Aurélia Aurita, la dessinatrice de *Fraise et Chocolat*, ouvre à son tour une lucarne sur le sens de (sa) vie. Et le philosophe Roland Jaccard fait un éloge des filles de Manara, dont Sonia Feertchak nous explique en quoi elles étaient en avance sur leur temps. Plus conservateur mais aussi subversif, le philosophe Clément Rosset visite pour nous l'exposition Crumb tandis que Denis Moreau interroge tendrement les idées noires de Franquin : et Dieu dans tout ça ?

LE SENS DE LA VIE

PAR AURÉLIA AURITA

C'est un décès dans mon entourage qui m'a amenée à vouloir travailler dans cet hospice.
À TES SOUHAITS ! QUELQU'UN PENSE À TOI EN CE MOMENT.
Le matin, je m'occupe des patients dans la grande salle commune où ils se reposent entre deux soins. Je leur fais le thé et la conversation.
L'après-midi, avec Farida, je deviens "Flower Lady".
On change l'eau des fleurs, on jette les plus fanées et on compose de nouveaux bouquets avec celles qui restent.
Il arrive que certains bouquets survivent à leurs patients.
Mais c'est la vie.

Francis, ou l'art du saut

PAR AGNÈS GAYRAUD

La crise survient rituellement en case deux. Il en reste quatre à Francis, blaireau postmoderne, incohérent et nourri de développement personnel, pour tenter de rééquilibrer sa vie.

Francis est un blaireau farceur. Sa vie est une série de désirs et d'angoisses ordinaires : un double *strip* de six cases – dont le nombre pair neutralise agréablement la violence des hauts et des bas – sur la mer étale de la vie qui passe et peine à atteindre l'ombre d'un peu de sublime.

Francis n'a rien choisi : il a une femme, qu'il trompe souvent avec celle de son ami, Lucien. À la case départ, toujours la même, il se promène dans la campagne. *« Hop. »* La suite est une variation (quarante saynètes par tome) sur les conséquences de cet *« acte inconsidéré »*. Dépourvu de dons exceptionnels ou de qualités rares, Francis présente néanmoins certains traits de caractère distinctifs : assez fat et égoïste en période de croissance, il se montre plutôt lâche et quémandeur en période de trouble. Bref, il a plus ou moins la vie nulle qu'il mérite. Mais Francis est quand même une victime. C'est un sacrifié du monde capitaliste. Il joue en Bourse, il prospère puis dégringole, en tire des conséquences définitives sur le sens de l'existence qu'une soudaine remontée du cours des actions réfute à la case suivante, avant qu'un astéroïde géant vienne faire exploser la terre et mettre fin aux aléas insoutenables du CAC 40. Cette vie de blaireau le conduit naturellement à des envies de suicide. On comprend pourquoi, parfois, Francis veut mourir. *« Beuh. »*

SOUDAIN,

Francis traverse souvent des crises. C'est d'ailleurs ainsi qu'il bascule d'une case à l'autre. *« Soudain »* (c'est le leitmotiv de la case 2), il veut quitter sa femme, connaît des troubles du comportement alimentaire, endure une crise professionnelle et affective, doute de son pouvoir de séduction, subit un traumatisme dans son enfance qui le marque à jamais ; ou, *« Soudain »*, au contraire, il est jeune et animé du désir de changer le monde, etc. Confronté à la rupture, à un violent conflit psychologique, Francis ne dispose plus que de quatre cases pour s'en sortir ! *« Heureusement »*, il raisonne avec des oppositions psychologiques standardisées qui lui permettent de passer très rapidement les étapes problématiques de son cheminement intérieur. Car Francis est un blaireau contemporain, familiarisé avec les techniques du développement personnel : il *« redynamise »* le plan-plan de sa vie de couple, il *« construit »*

des relations et suite à un « *différend relationnel avec sa femme* », il cherche à reprendre le « *contrôle de lui-même* ».

ELLIPSE POSTMODERNE…

Remplie de tous ces drames individuels qui sont autant de clichés psychologiques collectifs, sa vie ressemble à un bilan en six points dont les étapes, toujours imprévisibles, sont le fruit des circonstances extérieures. C'est pourquoi Francis ne dépasse jamais les conflits par une découverte d'une nouvelle vertu susceptible de l'aider à surmonter les crises, comme dans la psychologie intégrative d'Erik Erikson. D'une contradiction à l'autre, sans dépassement ni réconciliation, sa vie tressaute, mais reste ontologiquement plate. Dans cette dialectique atomisée, le *strip* singe le *process* de l'esprit sous forme de sauts dubitatifs. Francis ne progresse pas : il rebondit.

La désintégration de la vie de Francis reflète sa condition postmoderne, pour parler comme Jean-François Lyotard. Si tant est que notre vie conserve à nos yeux un sens parce que nous persistons à y voir, malgré tout, une sorte de « grand récit » personnel, celle de Francis en constitue la parodie par contraction ; le *digest* impitoyable où le continuum du sens laisse place à une juxtaposition d'événements collatéraux à laquelle seule une bonne dose de mauvaise foi, dans le phylactère, en *off,* peut permettre de trouver une vague cohérence.

Jake Raynal, qui scénarise *Francis*, est coutumier du fait : il a adapté *La Bible* et *Les Misérables* en deux pages. Avec Francis, c'est-à-dire non pas Jésus ou Jean Valjean, mais un blaireau lambda, le pouvoir de l'ellipse est encore plus dévastateur : six cases suffisent pour vider de leur sens les pseudo-enchaînements logiques qui gouvernent sa vie. C'est ainsi qu'à l'amplitude grandiose du métarécit existentiel, la série oppose l'ellipse postmoderne du *strip* comique.

> « Le *strip* singe le *process* de l'esprit sous forme de sauts dubitatifs. Ce bon Francis ne progresse pas : il rebondit. »

… ET FROTTEMENTS D'ÉCHELLE

Et il y a plus. En brisant la fluidité du sens, le ressort comique de l'ellipse génère des frottements d'échelle hilarants. Ainsi, les problèmes relationnels de Francis peuvent-ils être opportunément relativisés par une catastrophe atomique ou une guerre bactériologique. La maladie mortelle, elle, cancer généralisé ou tumeur au cerveau, relativise les plans mesquins de sa vie. Face à ces drames survenant à une échelle dépassant de loin son champ d'action et de décision – tel ce cataclysme qui fait affluer des millions de réfugiés vers les terres où il veut se reproduire, le tout entraînant une surpopulation –, Francis conserve une conception darwinienne de l'existence. Ce bon Francis, en vérité, il rate sa vie, mais la vie, elle, ne le rate pas. La bonne farce de Francis, c'est qu'à l'échelle du monde, géopolitiquement crypté et économiquement belliqueux, nous sommes, un peu comme lui, les dindons. Et vous trouvez ça drôle ? •

AGNES GAYRAUD

Normalienne et agrégée de philosophie, spécialiste d'Adorno, née en 1979, elle a enseigné la philosophie française à l'université californienne de Stanford. Ses domaines de recherche sont la philosophie critique contemporaine, l'École de Francfort et l'esthétique.

Valentina, au physique inspiré de Louise Brooks, est la plus célèbre héroïne de Guido Crepax.

Les fils de Louise Brooks

PAR ROLAND JACCARD

À partir des années soixante, Crepax, Manara, Pratt et Giardino contribuent à faire entrer la bande dessinée dans son âge adulte. Sur la trame de récits qui empruntent aux contes initiatiques, ils explorent les dimensions de l'aventure et de l'érotisme. Et ne se réduisent pas à cette dernière.

Ma vie a débuté avec Babar. Et puis, un jour, il m'a fallu quitter Célesteville. J'avais trouvé un nouveau compagnon : Tintin. Nous avons sillonné ensemble le monde et même l'espace. Nous avons fumé de l'opium à Shanghai mais, soyons francs, nous ne connaissions pas grand-chose de l'existence.

Nous n'avions pas encore lu Schopenhauer ni Freud. Le mode d'emploi pour les filles, personne n'avait songé à nous le transmettre. Sexuellement, nous étions légèrement désemparés. Nous bricolions avec cette maladresse propre à cet âge qu'on nomme ingrat.

C'est alors que nous nous sommes fait de nouveaux amis. Ils étaient Italiens, cultivés, d'un raffinement insensé et dessinaient comme des dieux. Ils s'appelaient Guido Crepax, Hugo Pratt, Milo Manara et Vittorio Giardino. Ils étaient épris de la même femme que nous : Louise Brooks. Nous partagions leurs fantasmes et ils nous guidaient dans nos explorations du corps féminin. Ils furent pendant les années soixante les maîtres du 9e art. Aussi capitaux pour nos existences que la Nouvelle Vague, qui nous délivrait du cinéma de papa, ou le rock, la minijupe et la pilule. Nous entrions grâce à eux dans une ère enchantée et en chansons. Soudain, le monde d'avant, celui de la peinture classique et même abstraite, nous semblait terriblement daté. À l'exception d'Andy Warhol et de Roy Lichtenstein, qui avaient tout compris.

SWIFT, FREUD ET NIHILISME BALNÉAIRE

L'erreur, la monumentale erreur, serait de réduire Crepax, Pratt, Manara ou Giardino (le cadet) à des auteurs de bande dessinée plus ou moins doués pour des formes extravagantes d'érotisme. Outre qu'ils ont chacun leur univers propre, ce qui me frappe aujourd'hui encore quand je les relis, c'est la modernité de leur graphisme et l'inventivité qu'ils déploient dans leur style narratif.

Il n'est pas indifférent que Manara ait été fasciné par Swift au point d'adapter, au féminin, *Gulliver*, ou que Giardino ait livré sa version dessinée de *L'Interprétation des rêves de Freud*.

Et tout aussi surprenant que Pratt, l'aventurier, se soit retrouvé aux États-Unis, une nuit, à Rochester, pour converser avec Louise Brooks. Pourquoi Louise Brooks ? Pour cette sensualité dont elle irradiait et cette exploration des territoires les moins arpentés de l'âme humaine. À propos d'érotisme, Roland Barthes relevait que chez Crepax, il n'est pas à chercher dans ce qu'il décrit, ni dans ce qu'il raconte, mais dans sa manière de suggérer l'obéissance du corps nu, offert aux punitions et aux supplices, comme le degré zéro du dialogue. Au bord de la piscine de Pully, en Suisse, là où est mort son ami Hugo Pratt et où il aimait se rendre, je pense chaque été au privilège que ce fut d'avoir rencontré ce nihiliste balnéaire. Je me souviens que pour Hugo Pratt, qui aimait tant la plage, le marquage du fouet se transformait en un bronzage langoureux, cependant que ses dessins s'étalaient jusqu'à l'effacement. S'il existe une esthétique de l'érotisme et du plaisir, c'est là qu'elle se trouve. Avec cette pointe de cruauté qui lui donne toute sa saveur. •

> « Ils furent aussi capitaux pour nos existences que la Nouvelle Vague, qui nous délivrait du cinéma de papa, ou que le rock, la minijupe et la pilule. »

ROLAND JACCARD

Né en 1941. Essayiste (*L'Exil intérieur*), romancier et journaliste, versé dans la psychanalyse, Rolland Jaccard est l'auteur d'une œuvre protéiforme traversée par le rire et le pessimisme. Il a récemment publié *Ma vie et autres trahisons* (Grasset, 2013).

Gulliveriana, une adaptation très personnelle de l'œuvre de Swift par Milo Manara.

Manara féministe ?

PAR SONIA FEERTCHAK

Les créatures de Manara ne sont jamais si sujets que lorsqu'elles sont objets. En déliant leur corps, le maître italien anticipait, il y a quarante ans, une libération de la femme.

De prime abord, certes, ce n'est pas évident : les héroïnes de Milo Manara déambulent nues plus souvent qu'à leur tour ; leur propension à retirer leur culotte est déconcertante et elles se retrouvent à quatre pattes sous le coup d'une pichenette. Toutes sont objets de désirs et de caprice, objets à manipuler et à jouir. Pas exactement l'idée qu'on se fait de la suffragette de base. Voire…

On le sait – le regrette ? – depuis les années 1990, Beauvoir semble s'être effacée au profit de Debord, le deuxième sexe s'être agenouillé devant la société du spectacle : non, la femme n'aime pas se contenter d'être sujet. L'industrie capitaliste ne s'y est pas trompée : la femme objet se laisse davantage corrompre à la consommation que la femme sujet. Ce n'est pas fustiger le féminisme que de l'affirmer, il suffit de regarder autour de soi : à l'injonction « femmes, objettisez-vous », une très grande partie s'est pliée, et avec délice semble-t-il : talons, lingerie, posture, décolletés, déshabillés, Stretch, Lurex, lacets, cuir… Qu'on se réjouisse ou déplore une aliénation, c'est un fait qui se porte bien.

CES LUMINEUX OBJETS DE DÉSIR

Que révèle Milo Manara dès 1970 ? Ses héroïnes ne sont jamais si sujets que lorsqu'elles sont objets. Jamais si sujettes de leur vie de *cartoon* que lorsqu'elles sont l'objet de la convoitise des hommes. C'est le déclic des Vénus de Milo incarnées en majesté par la *signora* Christiani, épouse frigide révélée à elle-même grâce au boîtier qui libère (c'est peu dire) sa libido. Comment Milo soutient-il ce paradoxe ? Il libère leur corps. C'est une évidence physique, avant même d'être une idéologie machiste, quand on veut priver les femmes de liberté, on leur confisque d'abord celle du corps, on les entrave physiquement : corsets, grandes jupes, pieds rétrécis, *burkas*, maintien, *no sport,* grossesses à répétition, *go home,* excision, *Kinder, Küche, Kirche…* Or, dans le même temps que Milo Manara fait de ses héroïnes de lumineux objets de désir, il a la grâce d'en faire des sujets en les faisant bouger et, partant, se délier : de leurs vêtements, de la pesanteur terrestre et de celle des convenances.

La bande dessinée est spécialement appropriée à son dessein : les corps évoluent de case en case et, par l'enchaînement des phylactères, le dessinateur amène mentalement le lecteur à faire mouvoir les personnages entre les cases. Ainsi, même s'il en est de très bavardes, la bande dessinée est un art du corps qui s'exprime en bougeant. C'est spécialement vrai des mangas… et de Manara. Il n'y a qu'à les regarder, Miel, Molly, Anna et les autres (ça ne devrait pas être trop désagréable) : elles sont toujours en mouvement. Jamais statiques, elles s'élancent, courent, dansent, sautent, se couchent, se lèvent, tombent, se relèvent, voyagent, se déploient, tout en jambes, en bras, en cheveux dans les cases… Pas vraiment l'idée qu'on se fait de filles assujetties !

Face à tant d'aisance à vivre et de goût pour la liberté, on ne peut que s'incliner devant ces sujets dont on devine que, si elles se retrouvent objettisées, c'est bien de leur seul fait. Ce que Manara avait dessiné il y a quarante ans, et que les filles d'aujourd'hui portent en étendard, c'est qu'être une femme n'est évidemment pas être un objet mais, plus subtilement : « Un objet quand je veux, si je veux. » •

« Manara a la grâce de faire de ses héroïnes des sujets en les faisant bouger et, partant, se délier : de leurs vêtements, de la pesanteur terrestre et de celle des convenances. »

SONIA FEERTCHAK

Née en 1974, Sonia Feertchak est auteure et éditrice. Elle a créé chez Plon la collection des *Encyclo* et écrit, entre autres ouvrages, un *Manuel d'autodéfense féministe* (Plon, 2007).

© DR

Sans titre [Serena Williams], 2002, 35,5 x 28 cm, publié dans *Art & Beauty Magazine* (Fantagraphics Books), n° 2, 2003. Photo : courtesy Paul Morris and David Zwirner, New York © Robert Crumb

Crumb, la subversion par **la lucidité**

ENTRETIEN AVEC CLÉMENT ROSSET

PROPOS RECUEILLIS PAR ALEXANDRE LACROIX

Crumb Presents R. Crumb, 1975, publié dans *Zap Comix* (Apex Novelties), no 7, 1974, 31,7 x 20,3 cm. Collection Eric Sack, Pennsylvanie © Robert Crumb

Le sceptique Robert Crumb a eu beau saborder à coups de planches rageurs les idéaux progressistes des années 1970, suspects de doper le réel à la moraline, il est devenu une idole de la contre-culture américaine. La preuve, selon Clément Rosset, que le réalisme est subversif.

J'ai découvert Robert Crumb peu après la sortie en salles, en 1972, du film retraçant les aventures de son héros Fritz the Cat, adaptation qu'il avait désavouée avec fracas. Je crois que le premier album qui m'est tombé entre les mains est *Head Comix,* publié par *Actuel* en 1971. Ce fut une joie immense. J'ai tout de suite perçu l'insolence insensée de la chose, et me suis étonné que Crumb ne fût point déjà emprisonné ou lynché. Toutes les ligues de vertu, les divers mouvements féministes, écologistes, communautaires, libertaires, les associations de défense de la dignité humaine, tous les militants chevronnés et les apôtres du politiquement correct, si puissants aux États-Unis, en prennent pour leur grade dans ses planches. Crumb ne s'embarrasse pas de pincettes ! Il envoie des directs, des punchs et des uppercuts pour mettre K.-O. ses adversaires. Il y a une bêtise inhérente à toute personne respectueuse des conventions, quelles qu'elles soient, qu'il excelle à débusquer et à railler.

Tout est pour lui occasion de rire. De plus, sa méthode est d'une rare cruauté. Crumb décrit sans critiquer, je veux dire par là qu'il se contente d'étaler sous nos yeux la logique de ses adversaires, en forçant un peu le trait. Il ne verse jamais dans le militantisme, ne défend aucune cause, mais tend un miroir peu flatteur aux imbéciles. Prenez par exemple deux histoires comme « Quand les nègres prendront le pouvoir en Amérique » et « Quand ces satanés juifs prendront le pouvoir en Amérique » : elles contiennent un exposé assez complet des préjugés racistes qui, par effet d'accumulation, révèlent leur inanité. En un sens, ce genre de moquerie est très dangereux. Crumb court toujours le risque d'être lu au premier degré… Parfois, je me dis qu'il faudrait l'interdire à ceux dont le quotient intellectuel est trop faible. On se demande par quelle magie aucune association ne l'a traîné devant un tribunal !

Tout de même, je crois savoir qu'il a été l'objet d'une violente campagne de dénigrement lancée par les féministes, qui menaçait de se conclure par un passage à tabac. En réaction, dans le fanzine où il avait commis ses pires vacheries taxées de machisme et de misogynie, il a décidé de publier une lettre d'excuse aux féministes, sur une page. Cela commence plutôt bien : il explique, avec des mots choisis, qu'il regrette ses excès passés, qu'il approuve le combat de Women's Lib, qu'il se désole que les féministes ne le considèrent pas comme un ami. Mais très vite, ses démons reprennent le dessus, ses propos contrits laissent échapper des bouffées de rage et il finit par envoyer paître les féministes dans un tonitruant « *Fuck you !* ». Je crois que cette anecdote rend assez bien la psychologie du personnage. Crumb est un homme qui ne domine pas ses pulsions et qui ne cherche pas à le faire. Il est le premier à s'en désoler, il est par ailleurs de caractère plutôt rentré et timide (je suis convaincu que tous les dessinateurs au trait extrêmement méticuleux sont de grands timides). Quand il est au bord de l'explosion, il se soulage par un *comix* assassin. Cette forme de création, directement stimulée par la colère, ne le porte jamais au-delà de deux ou trois pages. C'est pourquoi il s'exprime par histoires courtes.

> « Crumb ne défend aucune cause, ne verse jamais dans le militantisme ; il tend un miroir peu flatteur aux imbéciles »

AUX ANTIPODES DE LA LIGNE CLAIRE

Son esthétique est plutôt inhabituelle pour un lecteur habitué, comme je le suis, aux maîtres belges. Dans ma jeunesse, c'est-à-dire au début des années 1950, il y avait deux clans : les lecteurs de *Tintin* et ceux de *Spirou*. J'aimais la ligne claire. À mes yeux, le dessin de *Spirou* était presque baroque, c'était du Picasso avant la lettre. En grandissant, si mon admiration pour Tintin est restée intacte, je me suis désintéressé de la bande dessinée. J'ai perdu le goût des albums racontant des histoires plus ou moins surréalistes. J'ai d'abord attribué cette indifférence au passage du temps, à l'éloignement de l'enfance… Or, j'ai trouvé chez Crumb un dessinateur qui comble mes exigences d'adulte. *Primo*, parce qu'il ne promène pas son lecteur dans de longues histoires imaginaires ; il montre le réel tel qu'il est, avec une lucidité sardonique. *Secundo*, parce que son trait est très surprenant, aux antipodes de la ligne claire.

Crumb fait subir aux corps et aux visages de ses personnages des déformations qui frôlent parfois le hideux. Il utilise des procédés rugueux, comme les hachures ou les pointillés. S'il fallait vivre sur →

L'Amazone aux tresses, 2007 201, toner et aquarelle sur papier. Collection Paul Morris et Sam Grubman, New York © Robert Crumb

© Manuel Braun pour PM

CL□MENT ROSSET

Dans des essais courts et hautement stylisés, il décline une passionnante enquête sur le réel : citons *Le Réel et son Double* (Gallimard, 1976), *Le Traité de l'idiotie* (Minuit, 1977). Il vient de faire paraître *L'Invisible* et le *Récit d'un noyé* (Minuit, 2012), ainsi que, avec Santiago E. Espinosa, *L'Inexpressif musical* (Encre marine, 2013).

➔ une Terre peuplée par des personnages de Crumb, la survie de l'espèce serait en danger. Regardez par exemple son idéal féminin : ces femmes à la fois musculeuses et graisseuses ressemblent à des catcheuses. De tels goûts, en matière érotique, me paraissent extravagants, bien qu'en un sens je puisse les comprendre. De plus, Crumb se dessine toujours comme un maigrichon à lunettes au dos voûté. Il se montre physiquement inférieur aux femmes qui l'entourent – il inverse la domination masculine traditionnelle. Dans l'un de ses sketchs, il va même jusqu'à se représenter sous la forme d'un Lilliputien vivant dans la culotte de sa gouvernante !

J'ai étudié à l'École normale supérieure à la grande époque de Louis Althusser, qui prêchait le marxisme. Tout était politique ! L'humanité était divisée entre bourgeois et prolétariat, salauds et socialistes. Il y avait néanmoins à l'École deux ou trois zazous qui ne s'intéressaient à rien. Ceux-là passaient le plus clair de leur temps à se demander s'il allait pleuvoir ou à attendre le jour de la semaine où telle brasserie voisine servait ses délicieuses frites. J'en étais. Entre 1789 et 1793, durant la période qui va de la prise de la Bastille à la Terreur, Casanova vivait retiré au château de Dux, en Bohême. Là, il a rédigé ses *Mémoires,* après avoir hésité à se lancer dans une histoire des fromages. On ne peut pas dire que Robespierre le préoccupait beaucoup ! Eh bien, j'avais exactement ce genre de sensibilité. La politique me faisait bâiller. D'instinct, j'étais sceptique vis-à-vis de la plupart des engagements idéologiques. Notez que ma philosophie prônant l'affirmation du réel contre tous les doubles fantasmagoriques, elle ne pousse guère à l'utopie. Bien au contraire !

UN POURFENDEUR DE L'EXTASE

De tempérament a-politique, j'ai toujours été un conservateur. Je m'explique : je ne pense pas qu'on puisse améliorer l'humanité, sauf pour quelques détails, qui peuvent d'ailleurs avoir leur importance. Depuis ma naissance en 1939, le principal progrès du genre humain consiste peut-être dans l'amélioration de l'anesthésie dentaire, c'est dire. Aussi, je me méfie de ceux qui veulent se lancer dans des aventures réformatrices aux noms d'idéaux fumeux.

En Robert Crumb, j'ai trouvé une sorte de frère de pensée. Lui s'est moqué allègrement des hippies et des drogués. Il a tourné en dérision la libération sexuelle avec une rare méchanceté. Et, par un tour ironique de l'Histoire, il est devenu l'idole de la contre-culture américaine, la mascotte de ceux qu'il dénonçait. Il a pourfendu inlassablement la moraline, qui fait le fond de sauce d'un journal comme *Télérama*, et, par le même tour mystérieux, ce journal a publié son adaptation graphique de la Genèse, lui rendant ainsi tardivement hommage.

Je peux en dire autant : je suis un conservateur, un réaliste, un sceptique, très méfiant envers toutes les aventures soi-disant progressistes dont l'Histoire montre en général qu'elles dégénèrent, et pourtant, aux yeux de mes confrères universitaires, comme de la plupart des journalistes, je suis un penseur de gauche. Voire d'ultragauche ! Il est vrai que j'ai eu la prudence de ne jamais publier le moindre livre politique, me contentant

de ces quelques lignes à la fin du *Réel et son double* : « *Il resterait enfin à montrer la présence de l'illusion – c'est-à-dire de la duplication fantasmatique – dans la plupart des investissements psychologico-collectifs d'hier et d'aujourd'hui : par exemple dans toutes les formes de refus ou de "contestation" du réel… Mais cette démonstration risquerait d'entraîner dans des polémiques inutiles et n'aboutirait d'ailleurs, dans le meilleur des cas, qu'à la mise en évidence de vérités somme toute banales. Un tel développement serait donc facile mais fastidieux, et on en fera ici l'économie.* » Ces lignes, publiées en 1976, étaient programmatiques. Plus jamais je n'ai abordé directement la politique. Tout ce qui fleure l'engagement me cabre. Par exemple, pour moi, mai 1968 n'a représenté rien d'autre qu'un mois de vacances. Je n'ai jamais compris pourquoi certains de mes collègues ont pris cette farce au sérieux, à l'instar de Gilles Deleuze qui en est carrément devenu fou.

SCEPTIQUE ET RÉACTIONNAIRE

Cela me rappelle une péripétie tragicomique de mai 1968 : un jour, une rumeur s'est propagée dans la faculté des lettres de Nice. On disait que les professeurs s'étaient réunis dans une petite salle pour égorger une dizaine d'étudiants. Ne souriez pas, c'est véridique ! La foule estudiantine, échauffée par cette idée, a commencé à défoncer une à une les portes des salles fermées. Jeune professeur, j'ai averti le concierge, qui a appelé la police. Trois cars de flics sont arrivés. Ils ont accouru sabre au clair, on aurait dit la charge de Reichshoffen de 1870 – sauf qu'ils brandissaient des matraques. Bien sûr, ils avaient des consignes. Ils n'ont pas touché un cheveu du moindre étudiant. Par contre, ils se sont défoulés en rouant de coups tous les profs. Un de mes excellents amis et collègues est resté plusieurs semaines à l'hôpital. Comme quoi, il est inutile d'essayer d'empêcher les catastrophes et les débordements !

Pour en revenir à Crumb, non seulement je suis convaincu qu'il est comme moi un sceptique doublé d'un conservateur, préférant le vieux jazz au rock psychédélique et la lucidité à l'extase, mais son œuvre contient un enseignement précieux. Que voici : on peut être conservateur et absolument anticonformiste ! Oui, aussi étonnant que cela puisse paraître, le réalisme est souvent subversif. C'est là, je dois le dire, une belle leçon de sagesse. •

IDÉES NOIRES

Le bon Dieu, les retours de réel et le petit chien

PAR DENIS MOREAU

Pèlerinage tragique : seul un petit chien réchappe de l'accident ! Face à ce retour du réel, Franquin riposte dans cette planche en (res)suscitant l'interrogation fondamentale : et Dieu dans tout ça ? La réponse de son curé est un peu courte.

Cet extrait des *Idées noires* d'André Franquin pose d'abord, à sa caustique manière, la question qui constitue sans doute l'objection la plus forte contre l'existence d'un Dieu semblable à celui du christianisme : si Dieu existe, qu'il est unique, créateur, bon et tout-puissant, comment se fait-il qu'il existe tant de mal dans le monde et, en particulier, que les justes souffrent, que les innocents soient persécutés, et que même les fidèles de ce dieu soient, à l'instar de Job dans la Bible, accablés de malheurs ? S'il y a un bon Dieu, pourquoi les pieuses ouailles du curé de Franquin terminent-elles dans le ravin ?

Plus largement, Franquin invite aussi à réfléchir à une question qui concerne tous ceux qui s'intéressent à la philosophie autrement qu'en spectateurs désengagés : la question de la suture entre d'une part notre « philosophie » au sens large, c'est-à-dire notre pensée, nos « principes », nos théories sur la réalité, et d'autre part l'expérience, les faits dont nous constatons l'existence. Tous, en effet, nous avons une compréhension plus ou moins élaborée et consciente de la réalité, une vision du monde qui constitue comme une grille de lecture, au moyen de laquelle nous l'interprétons : nous sommes marxistes, ou bien libéraux, chrétiens, ou bien athées, etc. Et il nous arrive d'être confrontés à ce que Philippe Muray appelait des *« retours de réel »*, c'est-à-dire des expériences qui, parfois brutalement, font irruption dans nos vies et violentent notre vision du monde, voire la contredisent : le libéral s'aperçoit un jour que la diminution des impôts des classes moyennes et supérieures n'engendre pas mécaniquement une amélioration des conditions de vie des plus démunis, et le militant marxiste que le fonctionnement de l'économie en mode capitaliste n'entraîne pas une baisse tendancielle du taux de profit ; telle sommité locale qui, du fond de sa province, s'estimait renommée, découvre qu'on l'ignore à Paris ; telle starlette de téléréalité, qui pensait que la célébrité suffit à rendre heureux, s'enfonce dans la dépression ; le chrétien doit admettre que tout ne se →

> « S'il existe un bon Dieu pourquoi les ouailles du curé de Franquin terminent-elles dans le ravin ? »

IL NE FAUT PAS CONFONDRE FOI DANS CURÉ ET CUL D'ENFOIRÉ.

> « Comment opérer la suture entre notre vision du monde et nos constats quand, comme un séducteur “se prend un râteau”, on reçoit en pleine figure un brutal démenti du réel… »

passe pas toujours comme si l'univers était gouverné par un Dieu bon et tout-puissant ; les amoureux fous réalisent que, le moment passionné du coup de foudre passé, la vie à deux ne se résume pas à un chemin pavé de pétales de fleurs ; etc. Dans tous ces cas, une même question se pose : comment réagir, théoriquement parlant, lorsqu'on reçoit en pleine figure un tel « coup de réel » à la façon dont le séducteur trop sûr de lui se « prend un râteau » ; comment accorder la vision du monde avec l'expérience de la réalité, opérer la suture entre les conceptions et les constats ?

À cette question, cinq réponses sont philosophiquement envisageables. La première, momentanément commode, mais grosse de désillusions futures, oppose un déni au retour du réel : la sommité locale cesse de s'informer sur ce qui se raconte à Paris, le curé de Franquin identifie un miracle en lieu et place d'une hécatombe. La deuxième réponse prend acte de l'existence d'une contradiction entre la théorie et les faits mais considère qu'elle est sans importance. Sauf à concéder qu'on peut penser n'importe quoi et faire bon marché des lois de la logique (ici le principe de contradiction), c'est une voie qu'il ne paraît pas souhaitable d'emprunter, mais dont le curé de Franquin n'est pas très loin lorsqu'il en appelle, assez classiquement, à l'impénétrabilité des voies du Seigneur pour se réfugier dans cette volonté divine que Spinoza (Appendice de la partie I de l'*Éthique*) appelait « *l'asile de l'ignorance* ». La troisième réponse, souvent déchirante, consiste à changer de théorie : la starlette se fait bonne sœur, le curé de Franquin défroque et devient athée, les amoureux se séparent.

La quatrième réponse est de type dogmatique et suppose en général une solide dose de mauvaise foi intellectuelle. Elle laisse inchangée la théorie et propose une réinterprétation de l'expérience qui permet d'expliquer que la contradiction qu'on croyait avoir repérée n'est en fait qu'apparente, et que ce qu'on avait pris pour un fait avéré ne l'est pas vraiment : sélectionnant au besoin les statistiques économiques les plus favorables à leurs hypothèses, le militant marxiste et le libéral affirmeront que sur le très long terme, la baisse tendancielle du taux de profit, ou l'amélioration des conditions de vie des plus démunis grâce aux réductions d'impôt accordées à ceux qui le sont moins, sont des réalités qu'un peu de finesse interprétative permet de déceler, malgré les apparences contraires ; le chrétien charge quant à lui tel mal à l'évidence absurde d'une signification qui le justifie, par exemple, comme punition ou comme épreuve ; et le curé de Franquin se raccroche assez piteusement à la minable survie du petit chien de Melle Ramponneau.

DENIS MOREAU

Ce professeur de philosophie de l'université de Nantes né en 1967 est spécialiste de Descartes et de la religion. Il a récemment consacré un essai au père du *cogito*, *Dans le milieu d'une forêt : essai sur Descartes et le sens de la vie* (Bayard Éditions, 2012) et vient de signer son premier roman *Dans l'ombre d'Adam* (L'Œuvre Éditions, 2013).

VERTIGE DU VIRAGE THÉOLOGIQUE

Une cinquième réponse suppose le courage intellectuel d'accepter de remettre sur le métier conceptions et théories afin qu'elles épousent les faits et rendent compte aussi précisément que possible du monde tel qu'il se donne. Dans cette optique, les amoureux adoptent une conception plus réaliste de la vie en couple ; et le curé de Franquin pourrait par exemple élaborer une « théodicée » semblable à celles du P. Malebranche (*Traité de la nature et de la grâce*) et d'Hans Jonas (*Le Concept de Dieu après Auschwitz*) en renonçant à l'idée que Dieu est absolument « tout-puissant » et en expliquant que certains éléments (le libre arbitre du conducteur du bus) ou structures (la gravitation universelle qui précipite le véhicule dans le ravin) de l'univers limitent, voire conditionnent le déploiement de la puissance divine.

La théologie, et non plus la philosophie, suggère enfin un dernier type de réponse à la question qu'esquive malhonnêtement le curé de Franquin. Le dogme chrétien de l'incarnation stipule en effet que Dieu s'est fait homme en Jésus-Christ et a souffert, jusqu'à mourir sur une croix au terme d'un supplice atroce. De ce point de vue, la souffrance des hommes n'est donc pas quelque chose d'extérieur à Dieu : il la connaît, l'assume, y participe. Ici réside la réponse proprement chrétienne, philosophiquement ahurissante et spéculativement vertigineuse aux interrogations que suscite Franquin : le bon Dieu se trouvait dans le bus (et ce n'était pas le petit chien de Melle Ramponneau). •

LA VIE EST-ELLE UN RÊVE ?

Six pages d'une histoire complète de Marc-Antoine Mathieu, le dessinateur inspiré des aventures de Julius Corentin Acquefacques, un entretien avec Benoît Peeters – le penseur de la bande dessinée – sur la contraction et la dilatation du temps dans les cases – et un voyage à Slumberland, le pays de Little Nemo, avec Pascal Bruckner, viennent conclure ce voyage philosophique. La vie est-elle un rêve? En tout cas, ceux des enfants que nous fûmes ont la vie dure!

ENFERMÉS DANS L'INFINI

RÉSUMÉ DES ÉPISODES PRÉCÉDENTS : EXFLITRÉS DU SCÉNARIO, NOS HÉROS ONT PERDU LE FIL DE L'HISTOIRE. PERDUS DANS LE ***RIEN***, SANS INTRIGUE, SANS DÉMIURGE, ILS SONT VOUÉS A EUX-MÊMES. ILS N'ATTENDENT PLUS RIEN, MÊME PLUS GODOT…

PAR MARC-ANTOINE MATHIEU

UN POINT DE VUE SUR RIEN; CELA DONNE T-IL QUELQUE CHOSE ?
RIEN, À PREMIÈRE VUE.
LE RIEN, À PERTE DE VUE.
C'EST TOUT VU : Y'A RIEN À VOIR.
C'EST UN POINT DE VUE.
VUE SUR RIEN ET POINT DE VUE, C'EST DU PAREIL AU MÊME.
ATTENTION : LE RIEN CE N'EST PAS SI RIEN QUE ÇA.
C'EST VRAI. PAR EXEMPE, LES "PETITS RIENS" : ÇA EXISTE BEL ET BIEN.
MÊME UN MOINS QUE RIEN, C'EST QUAND MÊME QUELQUE CHOSE.
ET POURQUOI CROYEZ-VOUS QU'IL EXISTE RIEN PLUTÔT QUE QUELQUE CHOSE ?
MOI JE DIRAIS QUE LE RIEN, C'EST UN TOUT
RIEN DU TOUT !
AVEC VOUS C'EST TOUJOURS TOUT OU RIEN !
PAS DU TOUT ! RIEN C'EST RIEN. C'EST TOUT.
ICI, TOUT SE VAUT
AH ! TOUT EST DANS TOUT, C'EST ÇA ?
OUI, ET ON Y PEUT RIEN.

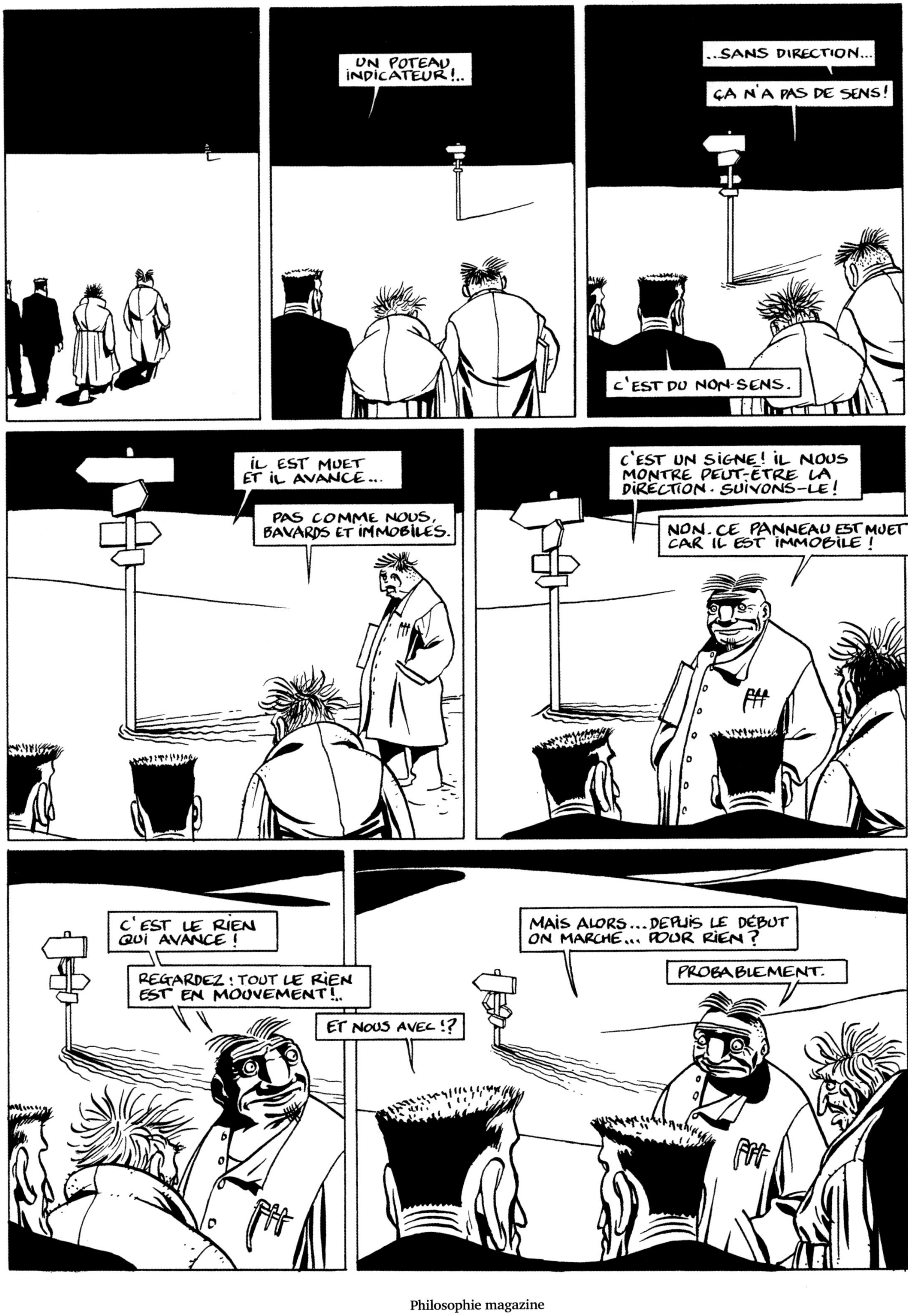
UN POTEAU INDICATEUR !..
..SANS DIRECTION...
ÇA N'A PAS DE SENS !
C'EST DU NON-SENS.
IL EST MUET ET IL AVANCE...
PAS COMME NOUS, BAVARDS ET IMMOBILES.
C'EST UN SIGNE ! IL NOUS MONTRE PEUT-ÊTRE LA DIRECTION. SUIVONS-LE !
NON. CE PANNEAU EST MUET CAR IL EST IMMOBILE !
C'EST LE RIEN QUI AVANCE !
REGARDEZ : TOUT LE RIEN EST EN MOUVEMENT !..
ET NOUS AVEC !?
MAIS ALORS... DEPUIS LE DÉBUT ON MARCHE... POUR RIEN ?
PROBABLEMENT.

À QUOI BON MARCHER SI LE RIEN SE DÉPLACE ?
À AVOIR L'ILLUSION D'AGIR, PEUT-ÊTRE ?
ET À QUOI SERVIRAIT L'ILLUSION D'AGIR ?
MMM...
À VIVRE, PAR EXEMPLE...
À FAIRE SEMBLANT DE VIVRE, PLUTÔT.
AUTANT NE PLUS BOUGER, ALORS.
OUI... DANS NOTRE CAS, C'EST PEUT-ÊTRE LA MEILLEURE MANIÈRE D'ARRIVER QUELQUE PART.
RIEN N'EST PLUS LOGIQUE : CE PANNEAU N'INDIQUE AUCUNE DIRECTION CAR IL LES INDIQUE TOUTES !
C'EST POUR CELA QU'IL EST IMMOBILE ! IL N'A RIEN À PROUVER.
IL Y A DE LA MÉTAPHORE LÀ-DESSOUS...
...VOYONS... LE MOUVEMENT IMMUABLE DE LA VIE, PEUT-ÊTRE ?
QUE VIENT FAIRE LA VIE DANS CETTE HISTOIRE? JE NE VOIS QUE DU RIEN !..
...ET CET INSUPPORTABLE ET SEMPITERNEL HORIZON !
L'HORIZON BIEN SÛR : SYMBOLE ÉVIDENT DU BUT JAMAIS ATTEINT, À JAMAIS INATTEIGNABLE...
LE BUT EST VAIN. SEUL COMPTE LE CHEMIN QUI Y MÈNE.

COMME LE RIEN, LA VIE EST UN LIVRE BLANC...
LA VIE N'A PAS DE BUT ; ELLE N'A QU'UNE FONCTION : EXPLORER LE CHAMP DE TOUS LES POSSIBLES !
ALORS LA VIE SERAIT VIDE DE SENS ?
OUI... MAIS PLEINE DE DIRECTIONS.
VIDE ET VIE N'ONT QU'UNE ENVIE : ÊTRE REMPLIS... ILS SONT TOUS DEUX AVIDES DE PLEIN...
...ET NOUS SOMMES LES PORTEURS DE VALISE DE CETTE AVIDITÉ.
TOUTES LES DIRECTIONS SONT BONNES À PRENDRE. Y COMPRIS CELLE DE SE LAISSER PORTER.
IL SUFFIT D'ÊTRE DISPONIBLES.

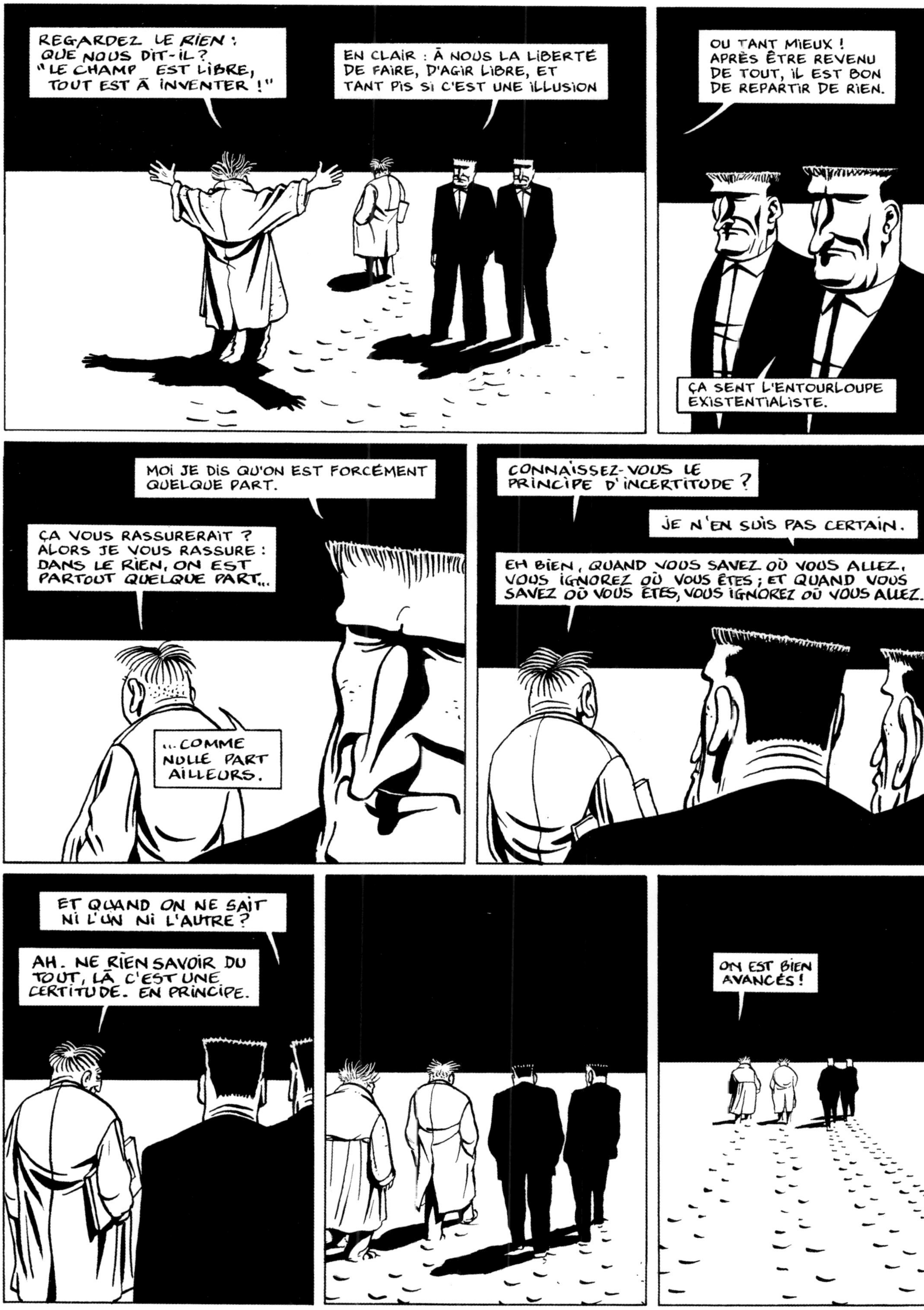
REGARDEZ LE RIEN : QUE NOUS DIT-IL ? "LE CHAMP EST LIBRE, TOUT EST À INVENTER !"
EN CLAIR : À NOUS LA LIBERTÉ DE FAIRE, D'AGIR LIBRE, ET TANT PIS SI C'EST UNE ILLUSION
OU TANT MIEUX ! APRÈS ÊTRE REVENU DE TOUT, IL EST BON DE REPARTIR DE RIEN.
ÇA SENT L'ENTOURLOUPE EXISTENTIALISTE.
MOI JE DIS QU'ON EST FORCÉMENT QUELQUE PART.
ÇA VOUS RASSURERAIT ? ALORS JE VOUS RASSURE : DANS LE RIEN, ON EST PARTOUT QUELQUE PART...
...COMME NULLE PART AILLEURS.
CONNAISSEZ-VOUS LE PRINCIPE D'INCERTITUDE ?
JE N'EN SUIS PAS CERTAIN.
EH BIEN, QUAND VOUS SAVEZ OÙ VOUS ALLEZ, VOUS IGNOREZ OÙ VOUS ÊTES ; ET QUAND VOUS SAVEZ OÙ VOUS ÊTES, VOUS IGNOREZ OÙ VOUS ALLEZ.
ET QUAND ON NE SAIT NI L'UN NI L'AUTRE ?
AH. NE RIEN SAVOIR DU TOUT, LÀ C'EST UNE CERTITUDE. EN PRINCIPE.
ON EST BIEN AVANCÉS !

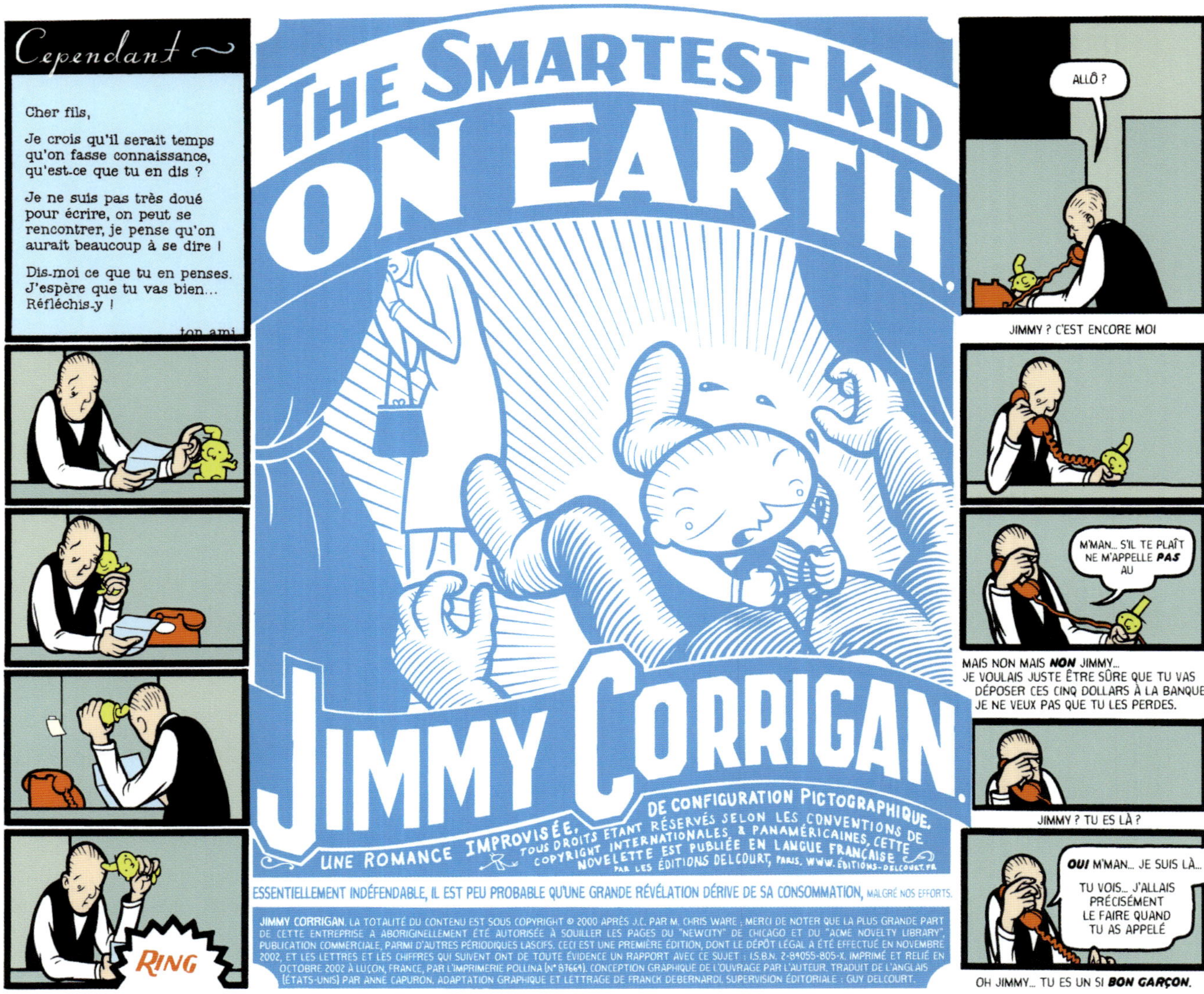

La vie rêvée des **cases fantômes**

ENTRETIEN AVEC BENOÎT PEETERS,
PROPOS RECUEILLIS PAR FLORENCIA DI ROCCO ET SVEN ORTOLI

Nous sommes, disait le père de San-Antonio, les enfants de notre enfance. Et tous ceux qui ont découvert la bande dessinée dans leurs premières années s'en souviennent avec la netteté d'un dessin d'Hergé. Mais le rapport au temps ne s'y limite pas à quelques madeleines. Dans ses cases et ses planches s'invente un traitement spécifique de l'espace-temps. Explication.

? Quel rapport la bande dessinée entretient-elle avec la question du sens de la vie?

BENOÎT PEETERS — Avant de vous répondre, permettez-moi un petit détour. Je voudrais en préambule revenir à ce qu'écrivait Rodolphe Töpffer, l'inventeur de la bande dessinée, dans la notice sur son *Histoire de Monsieur Jabot*: « *Ce petit livre est d'une nature mixte.* [...] *Chacun des dessins est accompagné d'une ou deux lignes de texte. Les dessins, sans le texte, n'auraient qu'une signification obscure; le texte, sans les dessins, ne signifierait rien.* » Voilà l'acte de naissance – peu avant 1840 – de la bande dessinée établi par un pédagogue rousseauiste, écrivain et dessinateur, qui croit d'emblée à une sorte de vertu, à la fois éducative et humoristique, de cette nouvelle forme. Le vieux Goethe est l'un de ses premiers lecteurs ; et il perçoit d'emblée ce qui est en jeu. En découvrant les manuscrits des histoires de Töpffer, il devine que cette séquence d'images *« humilie l'inventeur le plus fertile en combinaisons »* et qu'elle propose un mode de narration absolument original : *« On doit,* écrit-il, *admirer au plus haut point la manière dont un fantôme comme celui de Monsieur Jabot reproduit son individualité impossible sous les formes les plus variées. »*

> **« Le temps quasi immobile de la BD correspond à une forme de paradis perdu, qui n'est certes pas étranger à la séduction de ces séries. »**

Töpffer baptise *« littérature en estampes »* le médium qu'il est en train de construire. Il ne se contente pas d'en être un brillant praticien, il s'en fait le premier théoricien. Dans un texte étonnant, l'*Essai de physiognomonie*, il pose les bases d'une sorte de sémiotique visuelle, plus éclairante pour saisir la bande dessinée que la sémiologie d'inspiration linguistique des années soixante et soixante-dix. Pour Töpffer, le visage est le point de départ d'un récit en images : le personnage est composé de *« traits permanents »*, qui le rendent reconnaissable et singulier, et de *« traits non permanents »*, les variations expressives, qui lui permettent de ne pas se réduire à un masque et de se transformer au gré des situations et des émotions. Cette distinction simple reste extrêmement éclairante pour l'art séquentiel qu'est la bande dessinée.

Töpffer invente la succession des cases ?

B. P. — Oui, ses histoires mériteraient vraiment le nom de bande dessinée, puisqu'elles se déroulent sur une seule ligne, dans une évolution continue de gauche à droite. Töpffer a immédiatement compris le rapport entre le mouvement des personnages, celui de l'œil du lecteur et celui des pages successives. Je pense qu'il faut partir de là pour poser, très littéralement, la question du sens de la vie. Dans la bande dessinée, il y a toujours une forme de spatialisation du temps, avec d'une part un élan, une dynamique qui pousse le personnage vers l'avant, et d'autre part une sorte d'immobilité fondamentale, de déni de la temporalisation. Le personnage de bande dessinée classique – ce fantôme qu'évoquait Goethe – a tendance à promener son *« individualité impossible »* dans ce temps spatialisé plutôt qu'à la vivre dans une transformation de type romanesque. Astérix et Obélix, quoi qu'ils vivent, existent pour toujours dans ce petit village qui résiste aux troupes de César. Lucky Luke reste *« a poor lonesome cow-boy »*, la bande d'enfants des *Peanuts* ne vieillit pas, et Tintin lui-même, et Blake et Mortimer entretiennent avec le temps réel un rapport fondé sur une série de paradoxes. Prenons l'exemple d'Hergé. Il existe une chronologie des *Aventures de Tintin* aisément reconstituable : il y a les albums d'avant le capitaine Haddock et ceux qui suivent son entrée, puis celle du professeur Tournesol. Et il y a bien une sorte de mémoire, puisque les personnages font régulièrement référence à leurs aventures antérieures. Mais entre le moment où Tintin quitte Tchang à la fin du *Lotus bleu* et celui où il le retrouve dans une grotte tibétaine, le temps qui s'est écoulé ne peut se mesurer historiquement : ni Tintin ni Tchang ne semblent avoir vieilli. Le temps tintinesque est très étrangement comprimé pour ce qui est de la nature des personnages : ils ont des souvenirs, mais ils ne prennent pas d'âge. C'est un temps feuilleté, un temps-palimpseste. Il y a là quelque chose de fascinant : comment, par exemple, Tintin, Haddock et Tournesol ne sont-ils pas devenus des vedettes depuis leur voyage sur la Lune ? comment ont-ils pu aller sur la Lune, en revenir et vivre d'autres aventures sans être alourdis par ce passé, et notamment par l'immense notoriété qu'aurait dû leur valoir l'expédition spatiale ?

Pour l'enfant lecteur, et plus encore pour l'adulte relecteur, ce temps quasi immobile correspond à une forme de paradis perdu, qui n'est sûrement pas étranger à la séduction que ces séries continuent à exercer sur nous. L'accumulation des jours y reste sans vraies conséquences. La succession des aventures n'altère pas les personnages et ne les rapproche pas de la mort. Je suis persuadé que ce rapport au temps, et à un sens de la vie qui n'est pas celui dont nous avons l'expérience, est une donnée essentielle de la bande dessinée. Il ne s'agit pas d'une faiblesse, mais d'une magie propre du médium.

La bande dessinée a donc un traitement de l'espace-temps qui lui est propre ?

B. P. — Oui, cela joue à différents niveaux. L'espace-temps de la bande dessinée, c'est à la fois le temps condensé de la case et la perception quasi simultanée de la page ou de la double page. On se situe dans une appréhension indissociablement globale et vectorisée. Et le mode concret de lecture de la bande dessinée en procède. Pensez au *daily strip*, si important aux États-Unis, à la publication en feuilleton dans des magazines comme *Tintin*, *Spirou* et *Pilote*, ou à ces revues qui restent au Japon le premier support des mangas. Ce mode de lecture est particulier. Il y a une forme d'accompagnement, de vivre ensemble dont on voudrait qu'il ne s'arrête jamais : nous aimerions que nos héros favoris puissent vivre éternellement leurs aventures, que nous soyons assurés de les retrouver, quoi qu'il nous arrive.

Prenez l'exemple des *Peanuts* : pour ceux qui lisaient quotidiennement leurs aventures, les personnages existaient véritablement. Chris Ware, créateur de *Jimmy Corrigan*, peut-être le plus grand auteur de bande dessinée contemporain, raconte que, dans son enfance, il était si sensible à la solitude de Charlie Brown qu'il lui avait envoyé une carte postale le jour de la Saint-Valentin, afin qu'il se sente un peu moins abandonné. Bien sûr, c'était un écho de sa propre existence d'enfant unique, élevé principalement par sa grand-mère. Même si Charlie Brown n'avait pas d'existence concrète, il était pour Chris Ware un véritable ami. Ces personnages, constitués de quelques traits, sont pour leurs lecteurs fidèles des compagnons de rêverie. Ils ont beau ne pas être de chair et d'os, leur existence n'en semble pas →

moins indubitable et consistante. Dans le cas des *strips*, elle est puissamment renforcée par leur présence quotidienne. Le système de publication fait partie intégrante de la définition du médium.

Ce qui se passe entre les cases est-il très différent pour chaque lecteur?

B. P. — Entre les cases, mais aussi entre les pages, et même entre les albums d'une série, l'ellipse joue un rôle déterminant. La bande dessinée est une écriture profondément discontinue, et les grands auteurs sont des maîtres de l'ellipse. Dans la bande dessinée, il faut être absolument clair pour assurer la fluidité du récit (la fameuse « ligne claire » va bien au-delà du seul Hergé, c'est une sorte d'impératif pour ce médium composite), et en même temps il faut être le plus économe possible. Le découpage et la mise en pages reposent sur un art très subtil qui ne cesse de générer des « cases fantômes », toutes ces images que le lecteur croit avoir vues alors qu'elles n'ont pas été dessinées! Vous en avez un exemple fameux au début de *Tintin au Tibet*: à New Delhi, le capitaine Haddock est en retard pour embarquer dans un avion; ayant un moucheron dans l'œil, il s'élance sur une passerelle, tombe et se retrouve, soigné par une hôtesse, dans l'appareil. L'image clé de la chute du capitaine Haddock, que nous pourrions tous décrire, n'existe pas.

Hergé, après avoir habitué ses lecteurs à des ellipses de plus en plus importantes, a pu éliminer totalement l'image centrale de cette petite séquence, cette chute brutale et comique à la fois. Il passe directement à un plan serré sur le visage du capitaine où l'hôtesse retire le moucheron de l'œil. Même un enfant de quatre ou cinq ans a compris que la chute avait eu lieu… Mais cet équilibre entre le trop et le trop peu d'images est loin d'aller de soi, et il dépend fortement du style de chaque dessinateur. En travaillant avec François Schuiten, j'en ai souvent fait l'expérience. S'il n'y a pas assez d'ellipses, pas assez de raccourcis, l'histoire s'étire et devient prévisible. S'il y en a trop, le lecteur risque de perdre pied.

La relation à l'ellipse est d'ailleurs l'une des différences les plus marquées entre la bande dessinée franco-belge et les mangas. Beaucoup de mangas décomposent les actions bien davantage que nous ne le faisons, multipliant les vignettes mais réduisant la longueur du texte accueilli par chacune des bulles. Dans les mangas, la case tient davantage de l'instantané: le mouvement est suggéré par des liens dynamiques entre des images qui sont autant de fragments. Dans la bande dessinée européenne, les cases tiennent plutôt du tableau, et appellent une forme d'arrêt sur image. Il ne faut pas s'empresser de voir là une infériorité des mangas: ce sont deux écoles différentes, deux systèmes stylistiques avec leur propre cohérence.

Le temps ne serait pas donc le même dans les BD occidentale et japonaise?

B. P. — Une page de manga se lit beaucoup plus vite qu'une page de bande dessinée, mais les albums sont généralement plus épais. Globalement, l'appréhension des mangas est plus visuelle que celle de la bande dessinée. Sans doute cela tient-il au caractère idéographique de l'écriture japonaise: l'image elle-même se fait signe, proposant une unité icono-langagière plus immédiate. Dans la bande dessinée européenne, la case est d'ordre synthétique: l'action présentée ne pourrait pas se dérouler en un clin d'œil. L'image propose à la fois l'amorce d'un mouvement et son prolongement. Ou bien elle accueille plusieurs répliques d'un dialogue. Cette action à la fois suggérée et recomposée n'a rien à voir avec l'instantané photographique ou le photogramme cinématographique. Le secret de la case de bande dessinée, c'est de rappeler l'image précédente, d'entraîner vers l'image suivante, tout en possédant sa propre épaisseur temporelle. Il y a ainsi dans certaines cases d'Hergé, de Jacobs ou de Franquin une vraie profondeur de champ. C'est l'une des choses qui fait que les meilleures bandes dessinées se relisent aussi bien: elles contiennent d'innombrables détails cachés ou des gags subtilement dissimulés.

Le rapport à l'enfance semble essentiel dans la bande dessinée?

B. P. — Longtemps, la bande dessinée a été fondamentalement liée à l'enfance; et quelles que soient les évolutions, le lien demeure très profond, comme s'il touchait au médium lui-même, par-delà les œuvres dans leur diversité. Il y a des aspects très régressifs dans la lecture des bandes dessinées, par exemple, le fait de collectionner ou de fétichiser les albums très anciens, en les payant à des prix parfois démesurés, de multiplier les figurines. On ne peut aussi qu'être frappé par la volonté de faire revivre après la disparition de leur créateur des personnages fameux: Blake et Mortimer, le Marsupilami et bien d'autres. Comme si ceux dont l'enfance a été bercée par ces héros ne se résolvaient pas à les voir disparaître et s'efforçaient de prolonger leur existence, fût-ce sur le mode de l'ersatz.

Ce lien maintenu coûte que coûte est une particularité du médium: même si nous les avons lus étant enfants, nous ne passons pas notre temps à relire la comtesse de Ségur ou Jules Verne: on se souvient de leurs meilleurs romans, mais nous n'y revenons pas de la même façon que nous pouvons revenir à *Tintin*. Quand des philosophes, des historiens, des psychanalystes et des écrivains de différentes générations proposent de nouvelles lectures des *Aventures de Tintin*, ingénieuses et sophistiquées, ils nous font part en même temps de leur attachement inaltérable à un morceau de leur enfance. Les proustiens entretiennent un peu ce rapport avec *À la Recherche du temps perdu*, mémorisant les moindres personnages et leurs répliques les plus frappantes, mais très peu d'œuvres suscitent cette ferveur obsessionnelle. Nous pouvons aimer de grandes œuvres de la littérature, de la philosophie, de la peinture sans éprouver le besoin d'y revenir compulsivement, de racheter à prix d'or les premières éditions, ou d'accrocher sur nos murs des posters ou des

> « Nous pouvons aimer les romans de Jules Verne lus dans notre enfance sans éprouver le besoin compulsif d'y revenir comme à *Tintin*. »

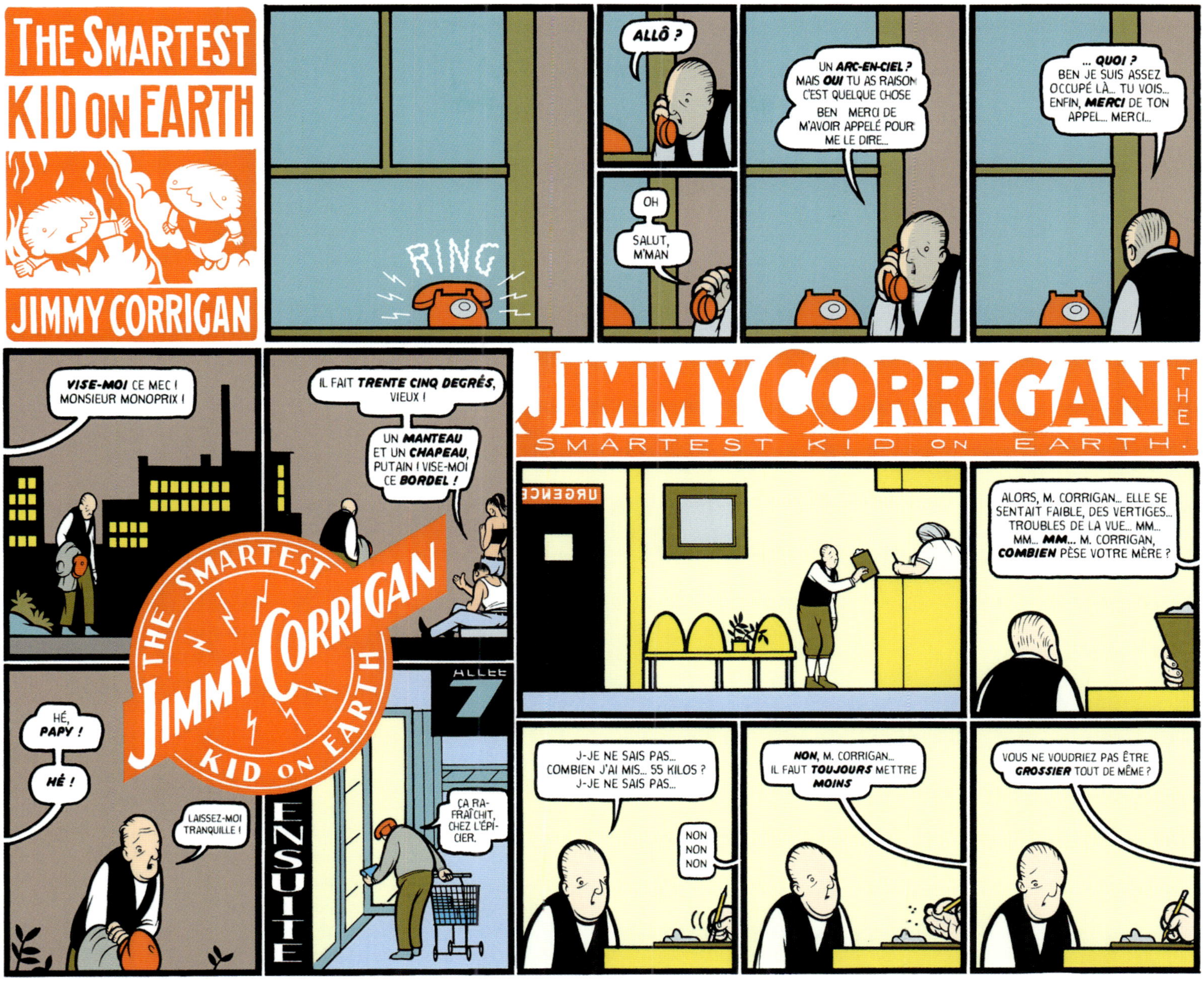

sérigraphies qui en agrandissent les moments marquants. Il y a là un phénomène qui semble intimement lié à la bande dessinée.

En analysant le personnage de Tintin, Jean-Marie Apostolidès a introduit le concept de « *surenfant* » qui m'apparaît comme une très belle idée, dont la pertinence va bien au-delà de l'œuvre d'Hergé. L'enfance proposée par beaucoup de bandes dessinées classiques, celles à laquelle beaucoup de lecteurs adultes demeurent attachés, est une pure idéalité. L'âge de Tintin, mais aussi celui d'Astérix ou du Philémon de Fred, a quelque chose d'impossible. Le héros de bande dessinée classique dispose de toutes les puissances que l'on pourrait souhaiter à l'âge adulte. Il maîtrise les savoirs et les techniques, mais n'a ni responsabilité concrète, ni engagement précis dans le réel. Il n'a ni ascendants, ni descendants, ni même de sexualité. C'est comme s'il était parvenu à contourner l'adolescence, en ne gardant de l'enfance et de l'âge adulte que leurs aspects les plus désirables. D'un côté, tout le champ du possible lui semble ouvert, et de l'autre, il n'est pas soumis à cette irréversibilité, ce travail du temps qui sont notre lot.

Les liens entre les héros sont eux-mêmes quasi inaltérables. Souvenons-nous de cette très belle scène du *Bouclier Arverne* où Astérix et Obélix se querellent : la bouderie se résorbe après quelques cases. Il ne peut pas y avoir d'Astérix sans Obélix, ni de vraie rupture entre Tintin et Haddock, Blake et Mortimer, ou Spirou et Fantasio. Les « familles de papier » posent une sorte d'éternisation des relations avec les êtres chers, loin de ce qui défait notre propre rapport à ceux que nous aimons. Si mon hypothèse est juste, il existerait dans notre relation à la bande dessinée quelque chose d'archaïque, comme une inconsolable nostalgie de l'origine, une irrésistible envie de ne pas grandir tout à fait. On ne peut pas se débarrasser de ce phénomène en parlant de puérilité. C'est plutôt une soif d'innocence ou de permanence que nous continuons à porter en nous, et que la bande dessinée permet de retrouver.

? Avec un personnage, comme Blueberry, qui vieillit vraiment, le rapport de la BD au temps change-t-il en profondeur?

B. P. — Avec *Blueberry*, et la plupart des bandes dessinées modernes, le héros est davantage engagé dans la concrétude ; il n'est plus invincible, est touché par le vieillissement, ses aventures deviennent réellement cumulatives. Dès ce moment, le personnage est pris dans une temporalité qui l'affecte et le transforme comme chacun de nous : les liens se font et se défont, les blessures font souffrir, la mort n'est plus exclue. Les →

personnages quittent le monde de l'éternel présent pour entrer dans l'historicité ; ils abandonnent le mythe pour entrer dans le romanesque. Cette nouvelle relation au temps est au cœur des bien nommés romans graphiques, et notamment de cette œuvre fondatrice qu'est *Maus*. Le récit d'Art Spiegelman ne traite pas seulement de la Shoah et de ses survivants, il concerne multiplement le temps : les relations entre le père et le fils, les difficultés de la transmission, le pardon. Avec la mort de Vladek, le père du narrateur, qui survient entre les deux tomes, la mémoire change de fonction : elle donne au récit un nouveau sens. Sur un autre mode, des livres comme *Le Journal de mon père* ou *Quartier lointain* de Jirô Taniguchi posent des questions très comparables. Tout comme l'extraordinaire travail biographique accompli par Emmanuel Guibert dans *Le Photographe* et *La Guerre d'Alan*.

Du rapport au temps, on passe au rapport à la vie ? Qu'est-ce qu'apporte ici la BD ?

B. P. — Jetez un œil à *Lint*, l'un des albums récents de Chris Ware, qui n'est pas encore traduit en français : il décrit en 70 pages la vie d'un homme ordinaire, de sa naissance à son dernier souffle. Les derniers râles d'agonie se donnent même à lire sur la quatrième de couverture de manière presque invisible. Le système graphique et narratif est codifié à l'extrême, loin de tout réalisme apparent. Le dessin de Chris Ware est au bord de l'idéographie. Et pourtant, quand nous lisons cet album où chaque année est réduite à une seule page, nous avons le sentiment de quelque chose d'extrêmement profond et pas du tout d'un appauvrissement. Dans ce mélange de codes verbaux et iconiques, dans cette expérience à la fois éclatée et recomposée que chaque page nous propose, il y a quelque chose comme une « image-cerveau ». Ce livre nous touche, non par l'identification à un personnage, comme c'est le cas au cinéma, mais par une sorte d'identification au médium. Les pages de Ware nous renvoient à des formes d'émotions mêlées, élémentaires et sophistiquées à la fois ; elles font appel simultanément à plusieurs de nos aptitudes perceptives. Cet album hautement sophistiqué peut sans doute nous aider à comprendre pourquoi la bande dessinée peut toucher un tout petit enfant, qui ne sait pas lire, et pourquoi elle peut traiter de réalités extrêmement subtiles. Töpffer, déjà, s'interrogeait sur la façon dont un enfant reconnaît un âne dans une image : si un âne est représenté dans un tableau au milieu d'un paysage, avec tout un jeu d'ombre et de lumière, un jeune enfant risque de ne pas l'identifier tout de suite, alors que si l'âne est figuré par quelques traits de contour, il n'hésite pas une seconde. Et même si l'on ajoute un tronc d'arbre devant cet âne dessiné, qui n'existe donc plus qu'à l'état de fragments, l'enfant le reconnaît encore. De cette observation, on peut tirer un certain nombre de conséquences qui permettent de comprendre le mode de perception spécifique proposé par la caricature. Lorsque nous découvrons une caricature politique particulièrement réussie, nous avons le sentiment jubilatoire qu'en quelques traits le personnage a été réellement saisi. Ce qui nous atteint, ce n'est pas une réduction simpliste, mais une condensation au sens freudien du terme. Quand elle touche juste, la caricature fixe une image qui ne s'effacera plus, comme si elle avait brusquement dévoilé la vérité d'un personnage. C'est pourquoi Louis-Philippe devait faire emprisonner le satiriste Charles Philipon après la fameuse séquence où le visage du monarque français se transformait en poire. Qu'elle soit juste ou injuste, cette séquence a une puissance mnémotechnique qui fixe à jamais notre image de Louis-Philippe. On touche là sans doute à une autre donnée essentielle de la caricature et de la bande dessinée : la persistance mémorielle. Au milieu de tous les flux d'images et de récits dans lesquels nous baignons, la bande dessinée entretient un rapport privilégié à l'inoubliable. C'est un nouvel élément qui la rapproche des formes mythiques.

La permanence mentale des images de la BD est-elle liée à sa faculté de représenter le monde des fantasmes et du rêve ?

B. P. — Oui. Elle possède une remarquable capacité à faire vivre les images par-delà le temps de la lecture. Les séquences et les cases les plus mémorables continuent à vivre avec nous, à nous accompagner durablement. Du *Little Nemo* de Winsor McCay aux albums de Marc-Antoine Mathieu, en passant par ceux de Moebius et de Fred, la bande dessinée est parvenue à faire exister des univers oniriques remarquablement consistants, à les rendre crédibles et quasi habitables. Le dessin et la bande dessinée entretiennent d'excellents rapports avec le fantasme. Pensons une fois encore à Hergé et à ces grandes scènes cauchemardesques qui émaillent les *Aventures de Tintin* : Haddock menaçant Tintin avec un gigantesque tire-bouchon ; la momie de Rascar Capac pénétrant dans la chambre de Tintin. Ce qui rend ces images fascinantes, c'est que le dessin d'Hergé n'est pas modifié par le fait qu'il s'agit d'un rêve ou de fantasme. Le degré de réalité est inchangé : le trait « ligne claire » unifie tout, le décor et les personnages, le monde le plus quotidien et les forces de la nuit.

À propos du sens de la vie, si vous deviez vous focaliser sur un aspect propre à la bande dessinée, quel serait le plus important ?

B. P. — Par-delà les thématiques Il me semble que j'insisterais sur cette mnémotechnie spécifique de la bande dessinée, la possibilité qu'elle offre de renouer avec un être au monde perdu depuis l'enfance. À cet égard, l'art le plus proche de la bande dessinée est peut-être la chanson. Je crois qu'il n'y a pas de chanson que nous aimions d'emblée, totalement et absolument. Nous n'écoutons jamais une chanson, il nous faut la réécouter, parfois de façon obsessionnelle, jusqu'à ce qu'elle s'insinue en nous et nous accompagne au quotidien. La bande dessinée me semble très proche : elle nous habite, elle aussi, ou nous rêvons de l'habiter. On n'est pas loin de la *« ritournelle »* évoquée par Deleuze. Il y a là quelque chose d'unique, de très profond, une chance de retrouver à peu de frais les paradis perdus de l'enfance. •

BENOIT PEETERS

Né en 1956, écrivain et critique spécialiste de Hergé, il est l'auteur du *Monde d'Hergé* et de *Hergé, fils de Tintin* (Flammarion, 2011). Dans le domaine de la BD, il a scénarisé la série *Les Cités obscures* (Casterman) dessinée par son complice François Schuiten, et a publié récemment, un essai consacré au mangaka *Jirô Taniguchi, L'homme qui dessine* (Casterman, 2012).

LITTLE NEMO

Les nuits lustrales

PAR PASCAL BRUCKNER

En 1905, cinq ans après Freud, Winsor McCay aborde le monde du rêve. Chaque nuit, pendant cinq ans, *Little Nemo* explorera le monde de Slumberland. Pascal Bruckner s'y est rendu à son tour.

Tout enfant a un jour volé au-dessus de son lit et s'est émancipé de son corps physique. Tout enfant est un jour tombé de son lit à la suite d'un cauchemar. Little Nemo, se tient entre ces deux mouvements : ascension et chute. Contrairement à Alice qui aborde le pays des Merveilles en glissant dans le terrier d'un lapin et en s'enfouissant sous terre, le héros de Winsor McCay commence par monter. Autre époque, autres mœurs. C'est qu'entre-temps s'est édifiée outre-Atlantique la ville verticale, immense, dont les immeubles écrasent l'individu, dont les *canyons* forment autant de défis à la mesure et à l'orientation.

Premier axiome : dormir c'est grandir. La médecine a confirmé le rôle bénéfique du sommeil dans la croissance. Mais Little Nemo, cette petite personne au sens littéral (ou plutôt Monsieur Tout-le-Monde enfant), grandit si vite qu'il finit toujours, au bas de chaque page, par tomber de haut pour ainsi dire. Il se propulse à chaque fois dans un espace désorienté, chaotique, gravit des marches qui ne mènent nulle part ou s'enroulent en une sorte de ruban de Möbius. Le plafond devient plancher, le plancher trappe ou gouffre, les murs se resserrent. Toute chose se transforme en son contraire : une rampe d'escalier en montagne →

LITTLE NEMO IN SLUMBERLAND
ON LE RAMÈNERA!
AMENEZ SANS FAUTE LITTLE NEMO À SLUMBERLAND ROI MORPHÉE
(COPYRIGHT, 1906, BY THE NEW YORK HERALD CO.)
RESTE OÙ TU ES ET NOUS TE CONDUIRONS JUSQU'À SLUMBERLAND EN UN CLIN D'ŒIL
DOUCEMENT, MAIS HÂTONS-NOUS! LE TEMPS NOUS EST COMPTÉ.
C'EST CELA! DOUCEMENT MAIS PRESTO!
NOUS ALLONS TE FAIRE ROULER JUSQU'AUX PONEYS
1 NEMO AVAIT LE SOMMEIL PROFOND MAIS PAS AU POINT DE NE PAS ENTENDRE UN BRUISSEMENT DE RIDEAU, UN HALÈTEMENT ET UN DRÔLE DE HENNISSEMENT ÉTOUFFÉ EN PROVENANCE DE SA PROPRE CHAM-
2 BRE. OUVRANT LES YEUX, IL VIT SIX LUTINS DES ÉTOILES S'ACTIVANT À APPORTER TOUTES SORTES DE CURIEUX OBJETS EN OR. MALGRÉ LA CURIOSITÉ QUI LE DÉVORAIT, IL SE TINT TRANQUILLE.
3 CEPENDANT, IL APPRIT, BIENTÔT, DE QUOI IL RETOURNAIT. LES LUTINS DES ÉTOILES TRANSFORMAIENT SON LIT EN UN MAJESTUEUX CHARIOT DORÉ DANS LEQUEL ILS COMPTAIENT LE TRANS-
PRENDS TON TEMPS, MAIS VITE! NOUS DEVONS NOUS HÂTER TU LE SAIS?
UNE PETITE SECONDE
OH!!!! QUE SE PASSE-T-IL, RIKIKI?
L'AUBE NE VA PLUS TARDER
SAPRISTI! IL N'ARRIVE PAS À METTRE SES GANTS!
4 PORTER À SLUMBERLAND EN QUELQUES MINUTES. LES LUTINS EURENT AJUSTÉ LES DIFFÉRENTES PIÈCES. PUIS, SORTANT DE LA CHAMBRE, ILS FIRENT ROULER LE CHARIOT JUSQU'À DEUX PONEYS CARACOLANT ORNÉS DE BIJOUX, PARACHEVANT LE PLUS BEL ÉQUIPAGE QUE NEMO AIT JAMAIS VU.
5 QUAND TOUT FUT PRÊT ET QUE LE DRÔLE DE PETIT COCHER FUT JUCHÉ SUR SON SIÈGE, SURVINT UN SCANDALEUX DÉFAUT D'ORGANISATION. ON DÉCOUVRIT QUE SES NOUVEAUX GANTS N'ALLAIENT PAS. IL SOUFFLA ET FULMINA QUATRE HEURES DURANT, JUSQU'À METTRE NEMO ET LES LUTINS TOUT À FAIT HORS D'EUX.
TO SLUMBERLAND
OH, NON, S'IL VOUS PLAÎT!
OH! OH! OH! NOUS SOMMES PERDUS. OH, OH!
MONSIEUR POTRON-MINET! NE SOYEZ PAS SI CRUEL!
PITIÉ! LAISSEZ-NOUS ALLER À SLUMBERLAND
DONNEZ-NOUS QUELQUES MINUTES!
FILEZ! VAMOS! ENVOLEZ-VOUS! IL FAUT DISPARAÎTRE! LE SOLEIL SE LÈVE! JE NE PEUX PAS LE RETENIR. FONDEZ! DISSIPEZ-VOUS!
6 ENFIN, APRÈS MAINTES CONTORSIONS, LES GANTS FURENT ENFILÉS, MAIS TROP TARD POUR ENVISAGER DE PARTIR POUR SLUMBERLAND CAR LE MESSAGER DE L'AUBE APPARUT POUR ANNONCER L'ARRIVÉE DU MATIN ET DU JOUR. APRÈS UN TEL RETARD, C'ÉTAIT BIEN CE QUE LES LUTINS REDOUTAIENT. ILS L'IMPLORÈRENT POURTANT D'ARRÊTER LE TEMPS AVEC LES ACCENTS LES PLUS DÉCHIRANTS. NEMO N'ÉTAIT PAS PRÈS D'OUBLIER
VIENS, NEMO! TON PETIT-DÉJEUNER T'ATTEND! VIENS! VIENS! NEMO, LÈVE-TOI! C'EST L'HEURE DU CATÉCHISME
PEUH!
WINSOR McCAY
7 AVEC QUELLE FRÉNÉSIE ILS QUÉMANDÈRENT UN PETIT SUPPLÉMENT DE NUIT POUR POUVOIR L'EMMENER À SLUMBERLAND. SUR LE MOMENT, IL NE COMPRIT PAS BIEN, MAIS PLUS TARD, LORSQUE LE SOLEIL SE LEVA ET QU'IL VIT S'ÉVANOUIR SOUS SES YEUX TOUTE CETTE MAGNIFICENCE, IL FONDIT EN LARMES. IL S'ÉTAIT VRAIMENT IMAGINÉ PARTIR SUR-LE-CHAMP POUR SLUMBERLAND EN ROYAL ÉQUIPAGE POUR Y RENCONTRER LA JOLIE PRINCESSE, MAIS IL TOMBA DE HAUT EN
8 VOYANT UN SOLEIL AVEUGLANT PÉNÉTRER DANS SA CHAMBRE, ET S'ÉVEILLA TOUT AFFLIGÉ.

PASCAL BRUCKNER

Philosophe et romancier né en 1948, Pascal Bruckner a été professeur à la New York University et à l'IEP de Paris. Il a reçu le prix Médicis de l'essai en 1995 pour *La Tentation de l'innocence* (Grasset). *Le Paradoxe amoureux* (Grasset, 2009) puis *Le mariage d'amour a-t-il échoué ?* (Grasset, 2010) l'ont projeté de nouveau sur le devant de la scène littéraire. Il a publié en 2011 le *Fanatisme de l'Apocalypse. Sauver la Terre, punir l'homme* (Grasset) et, plus récemment un roman, La Maison des anges (Grasset, 2013).

russe qui expédie le garçon dans l'espace interstellaire, les colonnes d'un temple en arbres d'une forêt gigantesque où rôdent des géants rouges. La volaille de Thanksgiving, posée sur la table, se met à grossir et avale les dîneurs, les immeubles ondulent, se ratatinent comme accordéons. Les miroirs s'agrandissent démesurément, démultiplient les individus. La perte des repères est totale. C'est l'univers des prisons de Piranèse envahi par des personnages de contes de fées, c'est la préfiguration des dessins paradoxaux d'Escher, qui sera presque son contemporain.

On ne peut s'empêcher d'évoquer aussi cette icône des films d'horreur inventée par Wes Craven en 1984, Freddy Krueger, tueur en série qui apparaît dans les cauchemars des habitants de Springwood et les exécute dans leur sommeil. Tout dormeur est un gisant, en état de vulnérabilité. Winsor McCay a jeté sur le papier toutes les images, les audaces graphiques, les fantasmagories qui sont devenues la réalité du XXe siècle. C'est dans le sommeil, ce royaume gardé par un monarque majestueux à longue barbe blanche qui veut donner sa fille à Little Nemo que tout se passe. Grandir en dormant, c'est pour le petit d'homme démuni acquérir des pouvoirs surhumains, entrer dans l'univers fabuleux de l'aventure. Un enfant éternue dans les rues de New York et renverse toute une foule, voitures et chevaux compris. Il est devenu un géant doté d'omnipotence, il reste innocent, il a commis le mal sans le vouloir.

Deuxième axiome : dormir n'est pas de tout repos, le sommeil n'est pas réparateur mais divagateur, il entraîne le dormeur dans des digressions incessantes. La vraie vie commence avec le coucher même si les songes s'apparentent parfois à une plongée dans l'épouvante. Les monstres surgissent sous les couleurs chamarrées du conte : dragons aux incisives tranchantes, sauvages affamés, vieillards irascibles, *policemen* furibards, zeppelins crachant du feu, clowns aux visages aplatis, *sumotori* à matraques, créature jaune à longue queue qui sert de *punching-ball* et annonce le Marsupilami. Winsor McCay invente le dessin animé, le télescopage des siècles, des espaces, des civilisations, l'irruption du Moyen Âge dans le New York moderne. Il projette les couleurs de l'enfance dans le cosmos, des guirlandes de Noël vont exploser dans la Lune, la gravure elle-même est une trame, une sorte de tapisserie médiévale patiemment tissée où se superposent les durées.

UN HYMNE À LA NUIT

Little Nemo et ses comparses, Flip, le petit diablotin de la jungle, le clown Oomp, sans oublier la princesse blonde aux habits chamarrés, sont l'illustration éclatante de la fécondité des cauchemars : ils sont plus riches, plus fous que nos songes éveillés car ils répondent au principe d'incertitude et de contagion. Little Nemo grimpe dans sa baignoire et entend se laver seul sans l'aide de sa mère. Bientôt d'étranges animaux envahissent la salle de bains, hippopotames, crocodiles, la métamorphosent en marécage et regardent l'intrus avec gourmandise. Ailleurs c'est son lit, doté de longues articulations de style nouille, qui enjambe les gratte-ciel, franchit les îles, pareil à la nacelle d'un chasseur de tigres calé sur son éléphant. Doté de béquilles, d'échasses, l'enfant doit se hausser en permanence au niveau du monumental pour ne pas être écrasé. Il se veut plus grand que les grands. D'ailleurs Little Nemo est toujours représenté incliné, dans une sorte de courbette figée. Il est à la fois celui qui se soumet et celui qui va plonger ou s'envoler, à la fois contraint et libre. Il obéit d'abord pour mieux s'émanciper. La révérence est la première étape de l'indépendance.

Winsor McCay, héritier des romantiques, chante un hymne à la nuit, qui n'est ni noire ni grise mais polychrome, éclatante, alors qu'au jour n'est réservée qu'une minuscule fenêtre, banale. Peintre des délires éveillés, il excelle à prendre les expressions au pied de la lettre : un dentiste penché sur sa patiente lui demande d'ouvrir la bouche. Elle s'exécute si docilement, ouvre un tel four qu'elle avale le praticien tout entier. Tous les objets de l'univers enfantin se transforment en menaces : un ours en peluche engloutit le bébé à qui on l'a offert et, mis en appétit, s'attaque ensuite aux parents qu'il veut dévorer. La nuit est une aventure à la fois terrifiante et merveilleuse dont on se réveille déboussolé. Elle permet d'échapper aux soucis ennuyeux comme cet autre personnage, Mr Bunion, qui porte une valise « *Dull Care* » [ndlr : responsabilité barbante] dont il ne peut se débarrasser et qui le suivra jusqu'à la mort.

Dormir, c'est faire de l'exception la norme, chevaucher des condors géants, croiser des dinosaures capricieux, subir l'interversion instantanée des tailles, passer de l'immense au minuscule, jouir du don d'ubiquité, d'uchronie. La page elle-même est organisée comme un chaos savamment construit, les vignettes se chevauchent, se

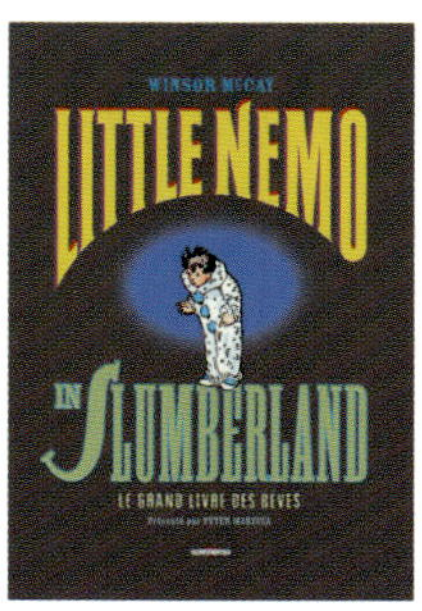

En 2005, à l'occasion du centenaire de *Little Nemo*, l'éditeur Peter Maresca publie un ouvrage aux dimensions hors-norme (53,5 x 41,5 cm) contenant plus d'une centaine des planches au format original des journaux du début du XXe siècle. Intitulé *Little Nemo in Slumberland – Le Grand Livre des rêves*, il est suivi en 2008 par *Le Second Livre des rêves*. Il existe une version française des deux ouvrages aux Éditions Delcourt.

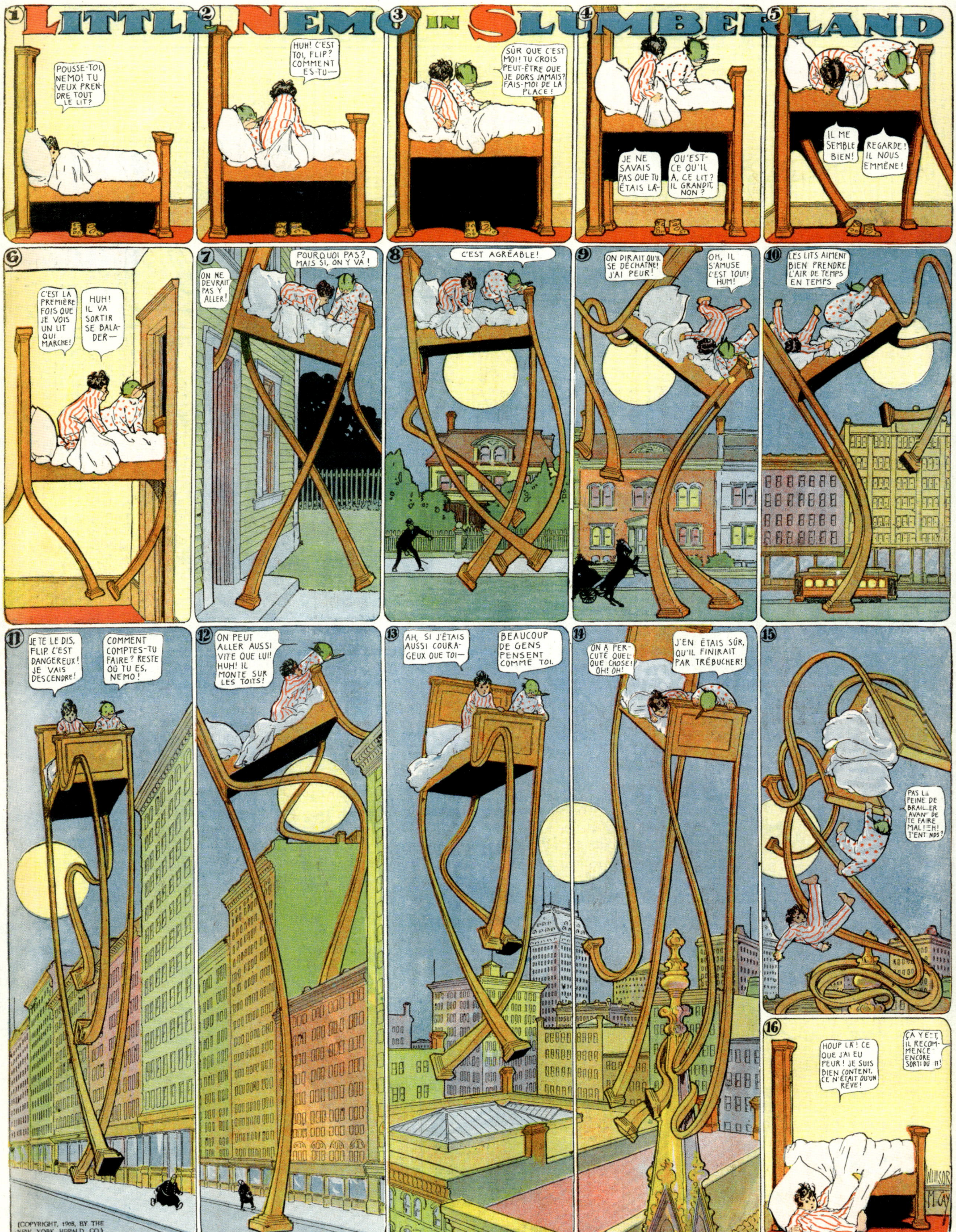
LITTLE NEMO IN SLUMBERLAND
POUSSE-TOI, NEMO! TU VEUX PRENDRE TOUT LE LIT?
HUH! C'EST TOI, FLIP? COMMENT ES-TU—
SÛR QUE C'EST MOI! TU CROIS PEUT-ÊTRE QUE JE DORS JAMAIS? FAIS-MOI DE LA PLACE!
JE NE SAVAIS PAS QUE TU ÉTAIS LÀ-
QU'EST-CE QU'IL A, CE LIT? IL GRANDIT, NON?
IL ME SEMBLE BIEN!
REGARDE! IL NOUS EMMÈNE!
C'EST LA PREMIÈRE FOIS QUE JE VOIS UN LIT QUI MARCHE!
HUH! IL VA SORTIR SE BALADER—
ON NE DEVRAIT PAS Y ALLER!
POURQUOI PAS? MAIS SI, ON Y VA!
C'EST AGRÉABLE!
ON DIRAIT QU'IL SE DÉCHAÎNE! J'AI PEUR!
OH, IL S'AMUSE C'EST TOUT! HUM!
LES LITS AIMENT BIEN PRENDRE L'AIR DE TEMPS EN TEMPS
JE TE LE DIS, FLIP, C'EST DANGEREUX! JE VAIS DESCENDRE!
COMMENT COMPTES-TU FAIRE? RESTE OÙ TU ES, NEMO!
ON PEUT ALLER AUSSI VITE QUE LUI! HUH! IL MONTE SUR LES TOITS!
AH, SI J'ÉTAIS AUSSI COURAGEUX QUE TOI—
BEAUCOUP DE GENS PENSENT COMME TOI.
ON A PERCUTÉ QUELQUE CHOSE! OH! OH!
J'EN ÉTAIS SÛR, QU'IL FINIRAIT PAR TRÉBUCHER!
PAS LA PEINE DE BRAILLER AVANT DE TE FAIRE MAL! EH! T'ENTENDS?
HOUP LÀ! CE QUE J'AI EU PEUR! JE SUIS BIEN CONTENT. CE N'ÉTAIT QU'UN RÊVE!
ÇA Y EST, IL RECOMMENCE ENCORE SORTI DU LIT!
WINSOR McCAY

dispersent. L'oncle de Flip est gardien de l'aube, il fait disparaître les ténèbres, et donc la magie, puisque l'explication du mystère s'apparente invariablement à un aplatissement. Chaque récit raconte l'histoire d'une crise, les lignes se brouillent, la perception se déforme comme sous acide : un troupeau d'autruches devient une foule de têtes énormes juchées sur de toutes petites pattes. De là que le réveil soit non pas le retour au monde normal mais au monde renversé : tête en bas, pieds en l'air sur le lit, le petit Nemo appelle au secours et réalise, heureux, qu'il a rêvé.

Troisième axiome : dormir, c'est échapper à l'impuissance de l'enfance comme à la grisaille de l'âge adulte. Little Nemo, c'est la rencontre de la grande nuit gothique et de la ville électrique qui a quitté la terre et se dresse dans les cieux constellés d'étoiles, loin des foules qui avancent courbées au ras des rues, dans un éther empli de princes, de cannibales, d'oiseaux fabuleux, de fraises géantes, de machines volantes, de spadassins en justaucorps qui ne cessent de défier les lois de la gravité. Chacun délaisse sa petite enveloppe corporelle, vole, rampe et court. Winsor McCay, bien avant le surréalisme, a révélé l'invisible merveilleux qui palpite sous le décor du quotidien, la splendeur qui perce sous l'ordinaire. C'est le dessinateur de l'enchantement : il suffit de fermer les yeux et de s'envoler dans la féerie de Slumberland.

Théorème fondamental : l'enfance est un désordre coloré, l'âge adulte une régularité terne, un chemin plat et sans surprise. Chez lui, l'enfant n'est pas encore le roi de la création qu'il deviendra plus tard dans les pays occidentaux. Il n'interprète pas non plus les rêves, à la manière de Freud, il les forge, les construit avec une effervescence baroque inégalée. Il ne sombrera pas plus dans la mièvrerie de Walt Disney, qui lui a tant emprunté ; il reste dans l'émerveillement pur, loin de la culture gnangnan qui est devenue la marque de notre époque. De là le statut de la chute au double sens du terme : la première est flamboyante autant que terrifiante (une dinde géante attrape la maison familiale dans sa gueule et projette le gamin dans une mare d'airelle), la seconde rassure autant qu'elle affadit. La chute au sens narratif du terme est invariablement chute de tension. Et les parents de proposer, face aux agitations de leur *« petit moineau ébouriffé »*, leur explication mécanique : il a trop abusé du *welsh rarebit*, ce plat gallois indigeste fait de *cheddar* fondu et qui n'a jamais provoqué chez aucun mangeur autre chose que des lourdeurs d'estomac.

> « On songe en le lisant à ce précepte de saint François de Sales : faire toutes ses enfances, à tout âge. »

Little Nemo jouit d'un privilège qui nous est refusé : il retrouve chaque soir son rêve de la veille, qui se poursuit ainsi des mois durant. Mais à peine la frontière entre le monde adulte et le monde enfantin est-elle soulignée qu'elle est aussi abolie. Chacun de nous peut redevenir, au moins le temps d'une lecture, Little Nemo. Le petit garçon jouit d'une peur créative et non stérile qui l'affole autant qu'elle l'excite, sensation aussi pétillante que nauséeuse. Sans le frisson délicieux du danger, rien ne permettrait d'échapper à la platitude des jours tous semblables. Pas d'enchantement sans effroi : le frisson délicieux du nouveau a un prix.

L'APPEL DE L'INCONNU

Au risque de s'égarer dans le dédale des songes : à un moment, Nemo est d'autant plus perdu que tout le royaume de Slumberland le recherche. Il court après le roi qui court après lui dans une sorte de folle poursuite. Lui et ses amis croisent un troupeau de lions dont ils font leurs montures, parlementent avec des crabes et des écrevisses géantes, glissent sur des parquets de palaces lissés comme une banquise, sont renversés par un vieillard armé d'une faux et portant un bébé dans ses bras (c'est la vieille année 1907 qui disparaît et la nouvelle qui arrive), provoquent une émeute chez les policiers. Quand enfin on le trouve, nul ne le reconnaît car il s'est rasé la tête. On songe ici à la phrase de Winnicott : *« Tous les enfants veulent se cacher mais c'est un drame terrible que de ne pas être trouvé. »* Ainsi sont mis en scène tous les tourments de la croissance : l'appel de l'inconnu, la tentation de se blottir dans le cocon maternel, la faiblesse désarmée face aux périls, l'obligation de se jeter dans le vide, malgré tout, pour éprouver plus intensément. La puérilité de Little Nemo est à la fois régression et rébellion. En se révoltant contre l'ordre et le sérieux, en semant la zizanie – *« Tout ce branle-bas pour un petit morveux. »*, dit à son propos un chambellan excédé du Palais – il affirme un élan vivifiant contre la sclérose et la routine.

UNE CANDEUR ÉTERNELLE

C'est la capacité des enfants que de bousculer par leur simple irruption le cours des choses. Winsor McCay a fait de Little Nemo le héros d'une candeur éternelle qui nous irrigue d'un sang neuf et brise la carapace des habitudes. Messager d'un autre monde qui est à l'intérieur de celui-ci, ce petit garçon, par sa grâce miraculeuse, ressuscite la posture enfantine par excellence : le renouvellement contre l'existence pétrifiée et fossile. Il réconcilie l'intellectuel et le sensible, accueille l'insolite, s'étonne de l'évidence, nous invite aux joyeux débordements de la fantaisie et du chahut. On songe en le lisant à ce précepte de saint François de Sales : faire toutes ses enfances, à tout âge. Rester proche de la fécondité des premières années, briser les limites du vieux Moi en le plongeant dans un bain lustral. Ainsi pourrait-on tirer de ces gravures somptueuses la morale suivante : est heureuse toute vie en état de renaissance, de rebondissements perpétuels où la faculté de recommencer l'emporte sur le caractère acquis et le souci de se conserver. Une vie où rien n'est figé, où le rêve n'est rien d'autre que la marge de jeu, la marge de la liberté.

La légende veut que Winsor McCay, frappé en 1934 d'une hémorragie cérébrale qui paralysa son bras droit, eût en agonisant les mêmes mots que Little Nemo : il appela sa mère au secours. L'œuvre n'est pas autobiographique, elle est prémonitoire. L'auteur est devenu son propre personnage, ce petit garçon qui a fait sa renommée ; il meurt pour que sa créature vive éternellement. •

Les 7 vies **du Chat**

PAR PHILIPPE GELUCK

Le chat le plus célèbre de la bande dessinée est belge. Son propriétaire a rassemblé pour nous quelques aphorismes pieusement recueillis au cours de leurs années de vie commune. Florilège.

UNE CHOSE
EST CERTAINE
PLUS LONGTEMPS
ON EST EN VIE
ET MOINS LONGTEMPS ON SERA MORT

PENDANT LES QUELQUES MILLIARDS D'ANNÉES
QUI ONT PRÉCÉDÉ MA NAISSANCE
JE N'AI PAS VU LE TEMPS PASSER
J'ESPÈRE QU'IL EN SERA DE MÊME PENDANT CEUX QUI SUIVRONT MA MORT

LA MORT...
C'EST UN PEU COMME LA CONNERIE
LE MORT, LUI, IL NE SAIT PAS QU'IL EST MORT
...CE SONT LES AUTRES QUI SONT TRISTES
LE CON, C'EST PAREIL ...

À PARTIR D'AUJOURD'HUI
CHAQUE SOIR JE PASSERAI EN REVUE LA JOURNÉE ÉCOULÉE
ET JE FERAI UN BILAN TRÈS LUCIDE
SUR CE QUE J'AI FAIT DE BIEN ET DE PAS BIEN
AUJOURD'HUI J'AI FAIT QUELQUE CHOSE DE VACHEMENT BIEN
J'AI DÉCIDÉ DE FAIRE UN BILAN TRÈS LUCIDE DE MES ACTIONS QUOTIDIENNES

VOUS AIMEZ LA VIE ?
À MORT !

Le sens de la vie

S'IL M'ARRIVE DE RIRE DE LA MORT
C'EST PARCE QUE LA MORT ME FAIT PEUR
SI JE ME GAUSSE PARFOIS DU MALHEUR
C'EST PARCE QUE LE MALHEUR M'ATTRISTE ET M'ANGOISSE
ET SI JE RIS PARFOIS DE CE QUE JE DIS
C'EST PARCE QUE JE ME TROUVE DRÔLE

J'AIME ASSEZ ÊTRE SEUL
ET MON PLAISIR EST PARFOIS PLUS GRAND SELON QUI N'EST PAS LÀ

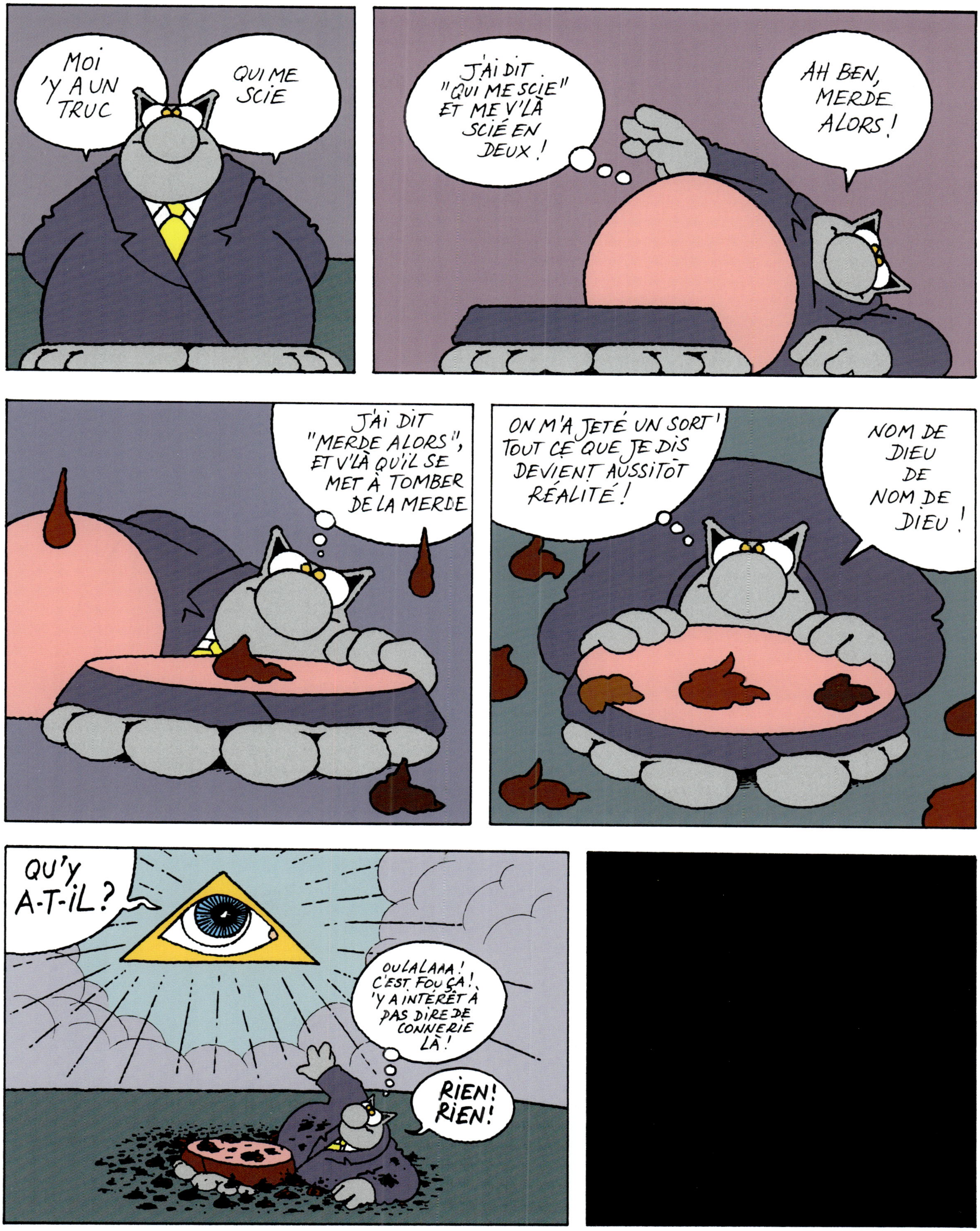
Moi 'y a un truc
qui me scie
J'ai dit "qui me scie" et me v'là scié en deux !
Ah ben, merde alors !
J'ai dit "merde alors", et v'là qu'il se met à tomber de la merde
On m'a jeté un sort ! Tout ce que je dis devient aussitôt réalité !
Nom de Dieu de nom de Dieu !
Qu'y a-t-il ?
Oulalaaa ! C'est fou ça ! 'y a intérêt à pas dire de connerie là !
Rien ! Rien !

POURQUOI EXISTERAIT-IL UNE VIE APRÈS LA MORT ?
ÉTANT DONNÉ QU'IL N'EXISTE PAS DE VIE AVANT LA VIE !

À La Dérive

Ch. Berberian

ON A TOUS UNE MISSION À ACCOMPLIR, UNE RAISON POUR LAQUELLE ON EST LÀ. J'EN SUIS CONVAINCU.
AH?
ET C'EST QUOI MA MISSION?
MMM MM
QU'EST-CE QUE TU FABRIQUES?
JE FAIS UN PEU DE GYM.
NGi
TU ME FATIGUES.
TU AS TORT DE TE LAISSER ALLER. IL FAUT ENTRETENIR SON CORPS.
AAAH
AFFÛTE TON BEC, LE RESTE, ON S'EN FOUT.

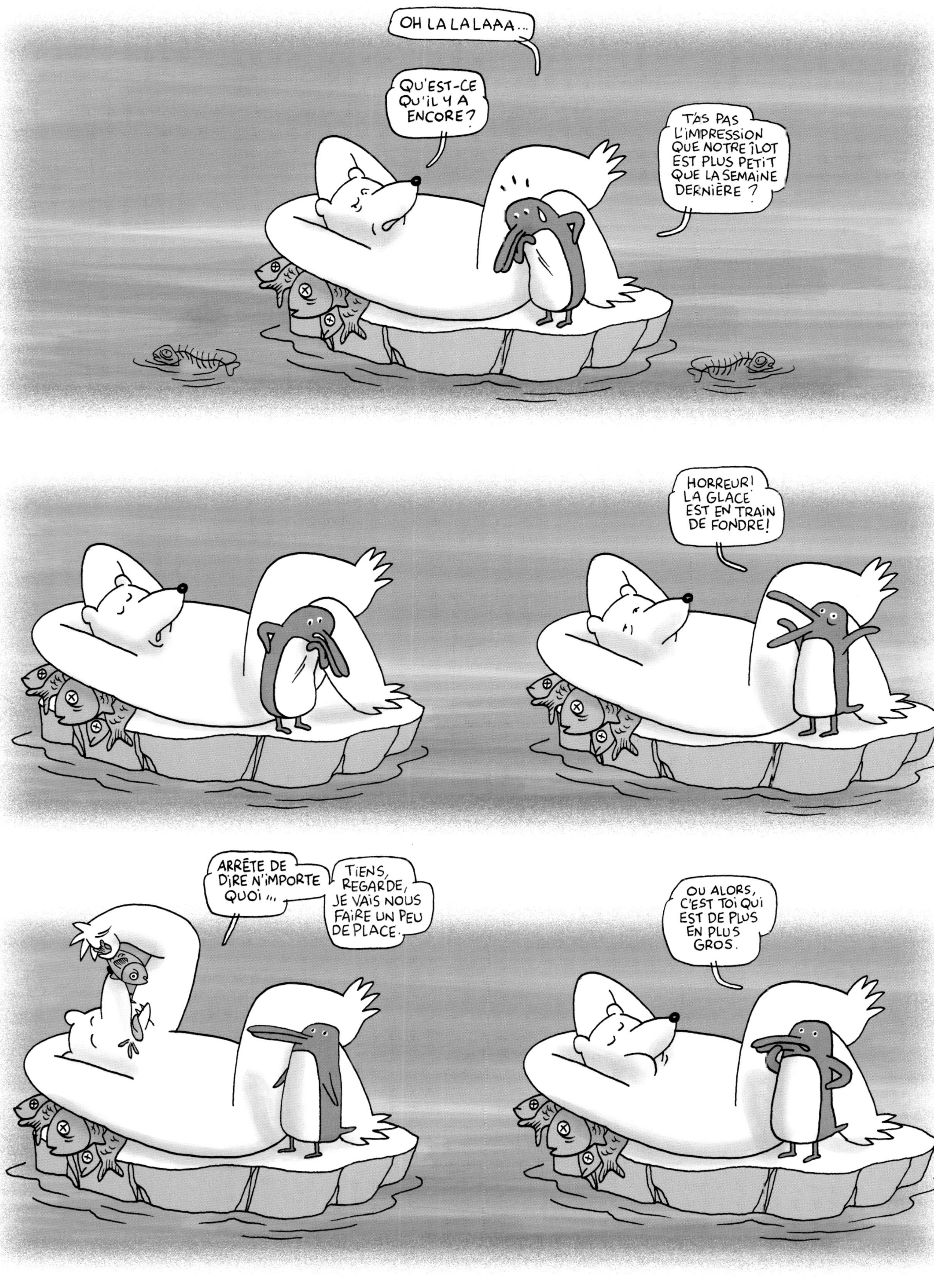
OH LALALAAA...
QU'EST-CE QU'IL Y A ENCORE ?
T'AS PAS L'IMPRESSION QUE NOTRE ÎLOT EST PLUS PETIT QUE LA SEMAINE DERNIÈRE ?
HORREUR ! LA GLACE EST EN TRAIN DE FONDRE !
ARRÊTE DE DIRE N'IMPORTE QUOI ...
TIENS, REGARDE, JE VAIS NOUS FAIRE UN PEU DE PLACE.
OU ALORS, C'EST TOI QUI EST DE PLUS EN PLUS GROS.

AVEC TA CONNERIE DE GYM ...
JE CROIS QUE JE ME SUIS COINCÉ LE DOS.
TU NE PEUX PLUS BOUGER ?
J'AI SUPER MAL, ET SI JE BOUGE, C'EST PIRE.
OUA! C'EST MAGNIFIQUE LA VUE QU'ON A D'ICI.
TU RATES QUELQUE CHOSE.
OUILLE

BONJOUR BRAVE PINGOUIN. SAURIEZ-VOUS DANS QUELLE DIRECTION SE TROUVE LE NORD ?
ON S'EN FOUT.
PAS LA MOINDRE IDÉE.
NOUS DÉRIVONS À L'AVEUGLE DEPUIS UN CERTAIN TEMPS.
PUIS-JE, AU MOINS POUR UN INSTANT, M'ALLONGER SUR VOTRE ÎLOT DE GLACE AFIN DE ME REPOSER ?
DE PLUS, EN OBSERVANT LES ÉTOILES, NOUS DEVRIONS SITUER LE NORD SANS PEINE.
ON-S'EN-FOUT ! CONTINUEZ À BARBOTER.
QUAND ON NE SAIT PAS À QUEL POINT ON S'EST ÉGARÉ, ON SE SENT UN PEU MOINS PERDU.
AAAA MANGER, BOIRE, DORMIR, NE RIEN FAIRE D'AUTRE ... LE BONHEUR !
ET L'AUTRE QUI VIENT NOUS EMMERDER AVEC SES PROBLÈMES EXISTENTIELS.
BARREZ-VOUS !

JE RÊVAIS DE CHOSES PLUS NOBLES À ACCOMPLIR ...
MOI AUSSI.
NE TE PLAINS PAS.
AU MOINS TU RENDS QUELQU'UN HEUREUX.
HiHiHi C'EST SUPER!
À MOI MAINTENANT!
Ch. BERBERIAN

TABLE DES MATIÈRES
BANDE DESSINÉE > LA VIE A-T-ELLE UN SENS ?

(Remerciements particuliers à Agnès Gayraud, sherpa au pays de la bande dessinée.)

Aurélia AURITA
CLÉMENT CLÉMENT CLÉMENT ROSSET
BORIS CYRULNIK
PAUL CLAVIER
YVAN LECLERC
AGNÈS GAYRAUD
DENIS MOREAU
ELIE DURING !?
JULIAN BAGGINI
BRUNO LATOUR
PASCAL BRUCKNER @#$
UMBERTO ECO